美妙随想

母子草

平成十三年七月二十日
おおとり保育園を視察された
皇太子殿下と共に

美妙

美妙随想

母子草

Bimeuzuiso

宮原 美妙

文芸社

序

平成元年のはじめ頃であったか、山口の宮原美妙先生から自分の生涯を自伝としてまとめ、本にしたいと思っているので、その折は序文をとの依頼があった。私にとって宮原師は、香川の増田実照師と共に、私が福祉事業の手ほどきを受けた恩人であり、両師との邂逅《かいこう》がなければ、私の創設した恵愛福祉事業団の現在の姿は到底望むべくもないことである。仁山での出会いも思惑を越えた仏縁というほかはない。

しかも養護施設を手はじめに保育所の矢継早の建設は、女性らしい働く婦人への鋭い未来を洞察した素晴らしい手腕で、あの龍蔵寺という真言宗御室派の寺の護持と併行しての運営と言い、その麗しい容姿の奥に秘められた烈しい人間愛は常人のものではない、と心から畏敬の念をいだくものである。

古希近く円熟した宗教的人生観を、昔にさかのぼって人生の記録をまとめられる宮原師に、心から「御苦労様」と労をねぎらいたい。

あの弱々しい体躯であった師が、よくもここまで強く生き抜かれたと、自分の人生と比較して、感慨無量に思うことが多くなりました。

人にドラマ有り、女に歴史有り、でしょうか。この作品の中で宮原師ならではの、中途半端な生き方で終わりたくないといった激しい児童福祉への情熱が、いまだに燃え続けています。この事は、まことに多事多難の師の人生そのものであり、人生の正直な断章であります。

特に心をうたれるのは、淡々と書かれた文字の間に、古希近く生き抜かれた思い出が、生活の師となり友となった多くの人々との出会いに恵まれた人生の旅路が、人の眼や思いはどうであれ、自己の現在に深く感謝されていることが窺えることであります。

この気持ちで私も同じく、人生の旅路をより大切に過ごされることを、心から願うものであります。

総本山　仁和寺
門　跡　松村祐澄

まえがき

いつの日か、私の波瀾に満ちた人生を記録しておきたいと、考えついてからも、随分歳月が流れてしまいました。ちょうど一九八八年には私も古希を迎えます。先住職亡きあと、尼僧として法城を守り三十年。その間法務と養護施設・吉敷愛児園を創立し、その他、乳児保育所、湯田保育所、平川保育所と、次々に創設して経営してきました。一九八八年には養護施設・吉敷愛児園の四十周年を迎えます。その間、苦労もありましたが、不退転の決意を貫き通してきました。これは有縁無縁の皆様のおかげです。人と人とのめぐり合わせ、それは不思議な糸で結ばれた縁だと思います。助けて下さった方々、また逆に不当な非難を受け、心の葛藤を乗り切った故に、私の強靱さも育ったと思います。

主人を戦場に送ってすでに四十五年経ちました。思えば私にとってそれは長い半生でした。今だから書けるあのころの自分の胸の中、よくぞここまで耐えて生きたと思います。次第に淡く薄れゆく追憶を辿って、何とか一冊の本にまとめたいと、思い出をたぐり寄せて書き綴りましたが、それは根気のいることでした。資料不足、それに薄れた記憶を呼びさまし、とにかく赤裸々に記したつもりです。

戦争さえなければ、平凡な主婦として主人と共に子育てをし、平和な家庭を築いたかも分かりません。また、出来たら尼僧になってからもひっそりと山寺の庵主として過ごしたかも分かりません。あの不幸な戦争が私の一生を一変させたことは疑いありません。嫁して七日目に先々住職を亡くし、翌春愛児孝子を失い、更にその翌年には住職であった主人が戦場の露として消えました。三年間に三人の家族を失うとは、何と苛酷な運命でしょう。その時、私は二十六歳でした。非歎のどん底。暗闇の虚ろの世界から正気に返るまで、永い日数がかかりました。思えば毎朝拝む大日如来様の慈愛にみちた温顔と、御仏の大きい包容力に包まれて救っていただいたのだと思います。何年か経ち、落ち着いたころの卯月、母子草がそっと咲いていたのを、なぜか不思議と鮮明に思い出します。

あの終戦直後の混乱の中で、京都で出逢った戦災孤児との因縁が私の一生の仕事になりました。そして、尼僧として一人の人間として、さまざまな方との出逢いによって、今の私があると思います。私は結婚に際して、我が子に夢を託す思いが大きかったのです。その夢を戦災孤児に託しました。それは、いたいけな子へそそぐ母ならぬ母の愛、仏の深い慈愛だったのでしょうか。いつの間にか、法務をする間もないほど、子供の養育に引き込まれていました。当時の浮浪児は手に負えず、無断外出をして幾晩も帰らず、待ち続けてまどろむ時間もない日が続いたものです。待ちながら、叱りながら私は心の中で何度泣いたものでしょう。どうしてこんな苦労をしなければならないのか、苦しみました。そうした月日を重ねて、私もやっと多くのことを子供から教えられたのだと悟りました。また、尼僧ゆえに幅広く多くの人からいたわり教えられました。一方、児童福祉にたずさわったゆえに多くの先輩や友人に支えていただきました。地域の有形無形の支援も得ました。その一つ一つを有り難く心に銘じています。

母子草やさしき名なり莟もち　　山口青邨

何と優しい名の草花でしょう。葉は薄緑より淡く、うぶ毛のような白い羽毛が葉をおおって、黄色な小っちゃな群らがるような莟を包みこんで咲いている。私もこの花のように、目立たぬ毎日を子供の命を守り養育しながら次第にいとしさも深まり、今では逆に子供達や職員が私を支えてくれています。

『母子草』、これは私と子供達との喜びや悲しみを折にふれて記したものです。断片的にしか書けず、一生を通した一代記といった形に出来なかったのが残念です。ともかく一人の女の生き様を飾り気なく、しかも思いだすままペンを走らせました。御一読いただければ幸せに存じます。

昭和六十三年　四月吉日

宮原美妙

＊本書は平成元年に刊行されたものを、今回新たに編集しなおしたものです。

序文　総本山仁和寺　門跡　松村祐澄

まえがき

第一章　満開の紅梅の下で

第二章　蓮のうてな

第三章　一粒の種から

第四章　母子草

第五章　ひまわりの花のごとく

第六章　花ごよみ

第七章　翔べ！たんぽぽのわた帽子

第八章　つつじの花に囲まれて

第九章　さまざまな花に出会いて

慈雨

第十章　銀杏の木を仰いで

表紙カバー絵　宮崎　恭子
題　字　柏谷　静香

第一章

満開の紅梅の下で

汽笛一声

私がおぼろげに覚えているのは、三歳ころではなかろうか。唐津駅の助役官舎時代である。私は満一歳ころにはヨチヨチ歩きで、近所近辺を歩き回り目が離せなかったらしい。なぜか「あんちゃん」と呼んでいた薫兄の面影をはっきり覚えていない。やがて唐津で三つ違いの弟・敏彦が生まれた。弟が生まれてから、私が「うちのおっぱいをとった」と毎日大泣きして母を困らせたそうだ。

唐津官舎はずらりと並んでいて賑やかだった。官舎のそばに線路があり、そのころまだ汽車ではなく、汽動車と呼んでいたように思う。珍しくて、よくそばに行って、大きい車体を見ていた。表通りはちょっとした町で、街角に靴屋があった。店の隅で一年中、中年のおじさんが靴の修理をしていた姿が、なぜか脳裡に残っている。

大正十二年九月一日、私たちは母に連れられて、虹の松原に海水浴に行っていた。晴天であった。突然誰かが東京の大震災を告げに来て、あわてて家に帰り、それから母は毎日せっせと被災地へ送る小包を作っていた。

母は明治の女にしては、ハイカラさんで、娘時代神戸で洋裁を学んだようだ。私に当時流行のギャザーの何段もついた洋服を縫って着せてくれた。外国製のシンガーミシンは当時からあったのだろうか。妹は結婚する時、このミシンを修理して持って嫁《とつ》いだ。

母の話では、私は九州・鹿児島本線の海老津《えびつ》の助役官舎で生まれたそうだ。父は国重三治郎、母はリウという。私の生年月日は大正八年となっている。兄がいて薫といい三歳上。後年母が、兄は七カ月の早産で、小さくて、弱くて、育てるのに苦労したともらしたことがある。

父は家の没落した時、少年時代を迎え、苦学して鉄道の車掌になった。父の本棚にあった英語の辞書はボロボロになる程ひもといた形跡があった。何しろ気短で勤勉実直、厳父で、よく父の雷が落ちたものだ。地震・雷・火事・おやじを地でいっていた。それが、面白いことに父は大の雷嫌いで、雷が鳴ると「蚊帳をつれ」とひとりで蚊帳の中に入る人だった。厳父と慈母そのものの母の優しさで、特に男兄弟は母を慕い好きだったようだ。私は一人娘時代が長かった故か、随分我が儘だったし、利かん気を家の中では発揮していた。

父のせっかちは、一分一秒の正確さを、鉄道マンとしてたたきこまれたからだと思う。反面、表には出さないが子ぼんのうで、子供が病気の時のろうばい振りと、手厚い看病に情の厚い親だと、病床の中から、一晩中そばにいる父の姿を見て思った。母は生涯貧血で蒲柳《ほりゅう》の人だった。

次に記憶に残っているのは、太宰府天満宮のある二日市駅の助役官舎。線路を渡ってホームに上がり、入浴しに行っていた。単線だったのだろうか。ある日私が眠っている間に、母は兄と弟を連れて三味線の先生のお宅を訪ねた。ひとり残されたのが悔しかったのか、私は「もう一度私を連れて行って」と大じら（無茶なこと）を言ったことがある。

幼い日、弟の手を引いて

その官舎にいた時、朝方泥棒が入って大騒ぎになった。砂地に大きな足跡があった。また、大きい手の跡が障子にもついていて、当分私は怖かった。後年、ある雑誌で、元総理大臣の佐藤栄作氏が父の後任助役として同じ官舎に住まわれたらしいことを読んで驚いた。門鉄管区に在職のころの若き日の佐藤首相をしのび感慨ぶかい。

天拝山という言葉を覚えている。そういえば、父母に連れられてゴツゴツと岩のある山に登って、はるか京の都を望んだ話を聞いた気がする。太宰府天満宮の社殿は記憶にないが、梅の木や池などがスクリーンの残像のように残っている。当時の写真であろう。弟と私が手をつないで写った写真がある。

小学校一年の時は、父は博多の次の駅の竹下駅の駅長であった。そばに大きい池があり、近くに森があった。その森は、西洋の物語に出てくるような森であった。小鳥が沢山いて、木々の小枝で兄弟がよく遊んだ。赤いグミの実も今まぶたに浮かぶ。夜になると遠く博多の夜景が見えていた。

夏のころ、家族でその森のそばを通って、電車に乗って博多に出たことがあった。今もって、当時の交通網がどうなっていたのか分からない。

あるとき、博多の駅の前で、多分ドンタクを見に家族連れで出かけた帰りではなかろうか。私は迷い子になって途方にくれ、泣きながら両親を探しまわったことがある。あの不安は今も忘れ得ないほどの衝撃であった。柄杓を買って持たされ、三味線を持つような持ち方をしていたので、父はこの子はお三味線が好きなのだろうとひとり早合点をした節がある。ドンタクのおはやしで歌う、「ぽんちかわいやねんねしな、品川女郎衆は十匁《もんめ》…」のうたと三味の音色に幼い私も浮かれて真似をしたのだろう。

母はせっせと鶏を飼い、野菜作りを楽しんでいた。通う小学校はキリンビールの構内を通ると近道なので、広い寂しい構内をひとりで通っていたように思う。官舎のそばに大きい池が干あがって、大小の川魚がゴロゴロ死んでいた。母に告げると、「死んだ魚は食べられないのよ」と教えられた。

厚東川

九州の生活は尋常小学一年の一学期だけで、父は、山口県の厚東駅に転勤した。厚東は田舎である。駅の前に駄菓子屋さんがあり、岸田下駄屋、藤本魚屋、柳屋という旅籠《はたご》があった。郵便局は道をちょっと入ったところにある。夏の夜は置座に将棋板を出して将棋をしたり、碁盤をすえて碁を打ったり、噂ばなしがはずんだり、結構近所づきあいの楽しさを味わったのも厚東である。

両親は兄と私のために、近所の子供を呼んでご馳走し、お土産まで持たせ、友達になってくれるよう頼んだ。純朴な田舎の子たちとのつきあいが始まった。四キロの道を小高い丘の上の厚東小学校に通った。まず困ったのは言葉だ。九州弁なので、授業中ひとこと私が答えるたびにクラスの子たちが爆笑するのには閉口した。「何々です」を「なんとバイ」と言うのだ。幼い時の方言は急には変わらない。みんなはおかしいから笑うので、悪気はない。レンコンを蓮《はす》と言わないと通じない。下駄《げた》に代わってわら草履《ぞうり》か竹の皮の草履。雨の日も草履である。

おらが大将のお国入りで、田中義一総理を厚東駅ホームで全校生徒が日の丸の小旗を振ってお迎えした日は、袖無しを着る季節であった。代議士の田中龍夫先生にお会いすると、父上であるかつての総理の姿とダブって見えるときがある。

母は毎朝、私の髪を結んでくれたが、キュッキュッときつく結うので「いたい」と苦情を言った。頭にリボンをつけてくれる日もあった。蜂が花と見違えて私のリボンに寄ってくる。田圃は自然があり、四季の楽しさがあった。

冬の日、湯気が立ちのぼっている小川に足を入れ、ぬくもって遅刻をしたのも懐かしい。後年、その話を何気なくしたら、実業家のＦ氏は持世寺温泉と立派な旅館を建築、経営されていて、案内され、その手腕に驚嘆した。また、お大師様の日、当屋がお接待をする。私はお赤飯が珍しくなんべんも行って母にしかられた。

田舎芝居の巡業が年に一度はかかる。それがなんと駅のそばの空地である。ドン、ドン、ドンと鳴る太鼓の音に勉強どころではない。学校では禁止されていたが、行きたくて、結局、そっとのぞいていた。子供だけ家に残るわけにいかず、あの子もこの子も見ている。先生に叱られたらどうしよう、とビクビクしていたら、父いわく、「猫にかつをぶし、無理です、と言いなさい」と悪知恵をつけてくれた。

私が一、二歳のころ、芝居を見せたところ、児雷也が出たとたん大泣きをして困らせたという。その頃、あんたの髪は児雷也みたいに立って、櫛づけてもねなかったと聞かされたことがある。厚東での観劇は、役者のメイクの美しさと劇と現実が一緒になって、涙とかけ声と拍手で一体となり、老若男女、芝居に酔って幕が閉まるのである。ござと座布団とお弁当、お酒を持って、年に一度の楽しい芝居見物は終わった。

あのころは四季があった。初めて舟遊びを知ったのも厚東川の川下りである。お弁当を提げ、魚を釣って、舟の中で料理して食べるのである。新鮮でとても美味しかった。あののどかさは忘れられない。麦が実るころになると螢が飛び交い、「螢こい」と呼びながら毎晩笹をかついで取りに出かけたものだ。小学五年のころ、わが家は松茸狩りに招待され、松茸の生えているのを初めて見た。山で小木を集めて焚き、焼き松茸にして、さいて酢醤油で食べるうまさは、子供の味覚でも分かった。松茸の出る山は、入っただけで松茸の香りがあたりにぷんと漂う。

ある日、親友の平中さんの松茸山の番をしに行って、ござを敷いて座っていると、チョンギースが足をつつきびっくり仰天。二人共恐くて何もかも捨てて飛んで帰ったことがあった。私は長女なのでよく弟のお守りをさせられ、コブつきで遊ばなければならなかった。それでも、毎日、毎日よく遊びまわったものである。

父はいつごろからか謡曲を習い始め、始めたころは押し入れに入って練習していたが、厚東にいたころは、観世流の謡曲を小学校の先生方に手ほどきに行っていた。和とじの本が百二、三十冊あった。仕舞いも習い、時々家で舞っていた。だいぶん腕をあげていたのだろう。家で稽古するのを口移しに、いつの間にか私も少しは覚え、小さい声で謡った。

母は相かわらず野菜作りを楽しんでいた。弟敏彦は虚弱で入退院をくり返した。腹膜炎を患っていたように思う。温湿布でお腹を温めるのは私の役目であった。父はせっかちで、こんな逸話がある。あるとき出張して会議が済み、宴会になり、終わってお茶漬けを食べたそうな。ところが父は例のごとくせかせかと忙しく食べ、お代わりするので、そばでお給仕していた仲居さんが、「お客さん、何時の汽車にお乗りですか」と尋ねたそうな。父は澄まして今晩は泊まる、と答えたら、宿の仲居さんはあっけにとられていたと、おかしそうに私たちに話した。

母はおっとり、予定の汽車に一度も間に合わないのも母の特技であった。時には帯を結びながら、「列車を待たせて」と、とんでもないことを言う母であった。私が読書好きになったのは、母の影響が大きい。物心ついたとき、母は「婦女界」をとり、次いで「主婦の友」をとっていた。横になって弟や妹に乳をふくませながら、よく本を読んでいた。心得たもので、乳を飲む子がヨチヨチ本をかかえてきて、母の乳房にぶらさがった。思えば、ませた子でありながら、遅くまでお乳を飲んでいたのであろう。

当時、官舎の庭にのうぜんかずらの大木があった。真っ赤に咲いた夏の花が今も忘れられない。小学一年からどの兄弟もそれぞれの役割があって、それを済ませて遊びに行ったものだ。小学一年生か二年生のころ、ひとりでお人形遊びをして夢中になり、いつまでもやめないで、父が怒ってお人形を庭に捨てたことがある。それを作文に書いたら、母が、「こんなことを書かない方がよいのよ」と、そっとさとした。子供時代は外聞を考えないものだ。強烈な印象だから書いたと思う。人に言って良いこと、悪いことをこの時少し知った。

当時の田舎の青年は素朴であった。西瓜の熟したころ、夜陰にまぎれて西瓜をどうして盗るか、そんなことも遊びの少ない当時のひそかな冒険で、ゲームのようなものだった。西瓜泥棒も陰にこもった話題にはならなかった時代である。

私が厚東にいたころは、兄と弟の間に女の子は私一人で、家の近所で遊ぶ時は、もっぱら男の子との遊びだった。どうしても私に出来ないのが木登りで、高所恐怖症である。

小学校二年生の時、担任の先生は何を考えられたのか、男子と女子を並べられた。たった一度、隣の男の子を私が泣かしたと教室中評判になったが、おとなしいその男の子が習字の時間、私の墨をとり上げたので、私も負けずにその子の何かをとり上げた。

私はそんな時すぐ、先生に言いつけたり、泣いたりしない。負けずぎらいで、とられたから他のものをとったら、その男の子は根が気の優しい子なのだろう、大泣きして教室中の子がびっくりした。「国重は男の子を泣かした」と、当分言われ、私は原因は相手にあるのにと、心の中でおかしかった。間違ったことをするのを許さないところが、そのころからあったような気がする。

後に、戦地でその男の子は戦死したと聞く。いい人であった。

四キロの下校道は遠いはずなのに、S子さん、N子さん、K子さんら同じ方向に帰る友達と遊びながら、よくしゃべることがあった。途中、おにごっこをしたり、寄り道したりして、何の苦労も知らず過ごした。あの少女時代が一番楽しい時代だったような気がする。N子さんは若くして故人に、そして、K子さんのお父さんは私達の目の前で馬車を引いていて、汽笛の音で荒れ馬が驚き、馬車の下敷となって亡くなった。その衝撃は少女の私達にも大きく、当分、あの日の不幸な事件は忘れ得なかった。友の父親の死を目前で見たのだ。残された家族も大変だったと、子供心に薄々感じたが、後年聞いた時、K子さんは従軍看護婦になり、帰って終戦後小野田有帆の呉服屋に嫁いだ。意外にも、私の住んでいたところと同地区で、何度か買い物に行った。良いお嫁さん振りで安心した。五十年代だった。小野田に行った帰り、立ち寄ったら「主人は亡くなり、もう長男が店をやってくれますのよ」と、落ち着いた姿だった。本来美人だったこの友も苦労したと思うが、耐えることに徹した生涯は、良い息子を持ち、今、幸せな余生を楽しんでいるとひとごとながら嬉しい。

一年で主な大きい行事は、七月の夏祭りと秋の運動会、村びと全員が集まって盛んだった。小学校での思い出は数多いけれど、〝兎追いしかの山〟の歌詞通り、小学生全員、山に入って手をつなぎ、兎を追うのだった。授業は休み、友達とのおしゃべりで楽しい一日であった。兎は獲れたかどうか思い出せない。昼の休み時間、校舎の裏山に黒こうや、いろんななば（きのこ）があって、よく採って帰った。思えば昔の田舎の学校はのどかなものである。

水泳はもっぱら厚東川でだったが、金づちの私は苦手だった。今は歌が苦手なのに、小三のころだったか、組で何人か選ばれて、地区の移動音楽祭に出演した。発声練習までする先生で、いま思えば、どの先生にも恵まれていたと思う。特に、小四、五、六年と三年間担任の小林男先生《おとこせんせい》の教育は、私に大きい影響を与えて下さった。小五のころから、昼休みの文房具の売店の係を順番にさせられた。お金を扱う仕事であり、計算が合わなければならない責任の重さを学んだ。

その頃の教育は、校門を入るとまず奉安殿を拝むことから始まり、授業中は正しい姿勢を厳しくしつけられた。現在は批判されるが、当時はスパルタ教育で長いむちが一、三本教室にあった。しかられない子は一人もいなかったが、みな先生を慕っていた。授業中の厳しさと、休み時間とはがらりと変わり、休憩になると先生は冗談を言って笑わせ、優しかった。美人の級友がいた。先生どうしたら美人になれますか？　と誰かが聞いた。先生はいつもニコニコしていたらきっと美人になれると真顔でおっしゃった。良い作文を書くにはポケットにメモ帳と鉛筆を入れて、見たり思ったりしたことはすぐメモしなさい、と話された。私はわりに作文は好きで、よく皆の前で読まされた。

小学六年は受験期である。友達と遊ぶのが何より楽しい時期に、すでに受験戦争は始まっていたのだ。放課後の補習にだんだん力が入り、冬の日、暗くなって帰ったことが何度もあった。先生の熱心な指導のおかげで、県立厚狭高女にパスした。やはり感激は大きく、すぐ先生にお礼の長い手紙を書いたのを昨日のことのように思い出す。

厚東から厚狭高女は汽車通学である。高女の校門前の長い道には、なぜか萩が植えてあり、花の咲くころ、たわわになった枝の花の波は見事である。厚東小の同級生が四人受験、四人とも合格した。厚狭高女は定員百名、二クラスであった。校訓は、「柳の木のように、まりのようであれ」であった。柳の木はどんなに強い風にもぱきっと折れず、柳に風と受けてながす芯の強さがある。まりもまろやかで優しいけれど、壊れもせず芯が残る。外観は優しく、しかし、芯の強い根性のある女性像を教訓とした。この教訓は私の生きる信条にしたいと折にふれ思い続けたほど感銘を受けた。

夏は水泳教室が埴生《はぶ》の海水浴場で行われ、特訓された。段があって、学友に負けたくないと、金づちの私は家に帰ると、畳の上で蛙の足の動きをまねて練習した。おかげで少しずつ段が上がった。後に萩高女に転校して、遠泳に参加できたのは厚狭高女の特訓のたまものと思う。

早縫い競争の日もあった。浴衣を縫うのだ。先生は時間を計ってタイムを競争し、記録される。手早く縫うことの苦手な私は、次々と仕上げる友を見て心ばかりあせった。心の中で今日は三隣亡《さんりんぼう》と自分を慰めたものだ。

東北から来られた習字の先生は、中心を「ちいしん」と発音されたので、ニックネームは、ちいしん先生となった。習字を習うよりも言葉が面白いので、皆まねをして面白がった。音楽の先生は、音大出の若い素敵な男先生で、みな魅せられていた。国語の先生は実に巧みな授業で、言語の成り立ちから教えられた。作文は描写力を買って下さって、よく皆の前で名をふせ読んで下さった。クラブはテニスに入って楽しかったが、帰宅時間の厳しい父の説教には閉口した。学校に卓球台があり、汽車通学のものは時間を見ては、よく卓球をした。厚狭高女の生徒は強かった。一年間で友人も出来、せっかく親しくなったのに、また父の転勤で今度は東萩駅に行くことになった。

夏みかんの花

転勤族は適当に移転する方が性に合うのかもしれない。せっせと荷物造りを始めた。嫌とか好きとか考えるより、新天地を求める心を自分で創るのかも知れない。父母兄弟三人と私と六人家族である。萩は日本海に面し風が強いのに驚いた。春の白魚とりの風景は珍しく、また武家屋敷の塀越しに、夏みかんの花がかおり、静かなたたずまいの町である。兄は萩中に、私は萩高女にそれぞれ転校した。方言には面くらった。「傘にのりんしゃい」「せんぎいごんごう」。なんのことやら分からない。前の言葉は「傘に入りなさい」、あとは「押しあいへしあい」だそうだ。「山口男に、萩女」と昔の人が言ったように、萩高女の人は美人が多かった。そして親切で優しかった。萩高女は松、梅、菊の三クラス、クラスごとにムードが違う。クラスの中に今様のツッパリもいて、作法の時間黒の靴下の穴に墨をつけてごまかす人もいたり、わざと先生のまねをしたりしていた人もいた。

同校には寒稽古があって、早朝暗いうちに雪を踏みしめて、家を出る。以前は長刀《なぎなた》、当時は寒中マラソンが毎朝あった。修身科もあり、萩中の校長先生の奥さんが担当されていた。なぜか私には特別目をかけて下さった。ここでも作文は好きで、文集作りには必ず残されて、作文を書かされた。この高女は校長先生が進歩的な方で、映画も父兄同伴なら許された。下校途中に映画館が二つあり、看板をよく見て帰ったものだ。「金色夜叉」の映画がきた。日ごろ厳しい父が、がぜん好奇心と若き日を思い出したのか、同伴者になると父から言い出し、一緒に見に行った。その日の父は特別饒舌だった。

雁島橋を渡る同級生は三人であった。ある時三人で話し合って、雁島橋のたもとに早く行った人は小石を置くことにした。その小石を見て誰はもう通ったと知るのである。たわいないことをしていたと思うが、乙女心に行動を共にしようと思ったのだろう。その一人が今山口在住の浅原智恵子さんである。勉強が良く出来て真面目な方だった。「傘に乗りんしゃい」と言ってくれたのも、この人だったと記憶している。元県企画部長の故竹原さんの奥さんも同級生で、バレーの選手として活躍されていた。今もガールスカウトの世話をしておられる。竹原さんのご主人が亡くなられ、お悔みに行って、偶然、新田先生夫妻とご一緒になり、「萩高女の人は女傑が多いですね」と言われ、苦笑した。たまたま境遇がそうしたので、学生時代とは変身しただけである。萩高女の校舎は旧毛利邸の別邸だったのか、地下道が城まであったようで、ここから続いているのよ、と二階の暗い穴を恐る恐るのぞいたことがある。校舎の裏は松本川の広い河幅で、萩中や萩商の学生がよくボートを漕いでいた。

文化祭は男子学生にも開放されていた。当時は、男子・女子学生の通学道が区別されているほどの厳しさで、今思えばおかしいくらいの封建社会であった。話でもしていたら、即停学処分となる。近所の学生とも口をきかなかった。故河村県議は萩中二、三年上級生で、下宿されていた。田町通りは今も同級生が多い。会うと話は尽きないが、お互いもう孫の話に相好をくずす年になった。年の故か、毎年同窓会を開くとか。

萩時代鮮烈に残っているのは、三笠宮様が萩に行啓されたこと。東萩駅に下車されたので、父が御先導を申し上げた。その夜、家族一同神棚の前に整列して、御下賜金を拝み奉らなければならないのである。箸が転んでもおかしい年ごろの私は、父の真面目なしぐさを見て、なぜか笑いがこみあげた。それをかみしめ、手を合わせた。今も父のことを話すとき、あの夜のことを語り草にしている。今一つ父の教訓としていたことは、心酔する吉田松陰先生の辞世のうた「親思う心に勝る親心、今日のおとづれ何と聞くらむ」。松陰先生の肖像を前に、延々と続く親心の話には閉口したが、今にして、いろいろと折にふれ語ってくれた話、病気のときの看病等、母よりも父の方が表に出さない分、情が深かったのかもしれないと、この年になって思う。

家から一番近い友は色白の美人で、唇がいつも椿の花弁のようだったが、卒業一年後に若くしてあの世に旅立った。結核だった。私も高熱が続いたことがある。感染したのか、微熱に悩まされ、後に肺尖カタルと診断された。

当時は鉄道の駅長といっても、生活が豊かだったわけではない。母は時に「今日はすき焼きよ、早くいらっしゃい」と呼ぶ。そのころすき焼きを食べるのは、年に何度あったろうか。兄弟先を争って食卓に集まると、牛肉ならぬ油揚が代用品である。野菜たっぷりで結構おいしい。月給百円。それが当時の月給取りだった。

女学生時代、私はオーバーが欲しかった。母はラクダの紺のコートを持っていた。あのコートでオーバーを作ってほしい、と内心思い続けた。しかし私に買ってくれたのは、安い女学生用の紺のオーバーである。高三になると錦紗の晴れ着を教材で縫うことになり、それを買ってもらうのに、わが家の経済を知っている私はとても気をつかったものだ。百円余の月給の時に十五円くらいの着物、日ごろ結構わがままな私も、この時ばかりは当分良い子であった。サラリーマンの生活の厳しさは娘心に肌で学んで育った。

卒業を間近にしたある日、父は血相を変えて帰ってきた。同学年の学友が中年の男性と駆け落ちしたのが新聞に大きく載ったのである。早生まれの私は、最年少数え歳の十七歳。

将来の夢が多過ぎて、これからどう生きようかと模索の最中、父が心配するような世界は無頓着である。その友の写真は卒業アルバムからのけられた。三月、卒業式の日が来た。絶対泣くまいと心に決めていたのに、別離の寂しさに滂沱《ぼうだ》と涙が頬を伝わった。昭和十二年の春である。

妹は萩で予定より一カ月遅れで生まれた。臨月の母に代わって、弟賢亮の小学校入学式に付き添った。小学校は名門校の明倫小学校である。若い十八歳の私は、当時は着物姿が普通だったが、初めてお太鼓を結んで、他のお母さん方に交じって、保護者の顔で役を果たした。この弟はある時肺炎にかかり、病気が永引くので私は近くの弘法寺の日切りのお地蔵様に願をかけて、日参した。

不思議なことに、このお寺は真言宗で龍蔵寺に弘法寺の縁起古文書が出た。よほど私は仏縁につながっていたのだと思う。

東萩駅前の松本川の萩橋の竣工成った時、餅まきがあり大変な賑わいだった。高島田を結った女の方にばかり餅がとんでいった。しじみ貝も多くとれるので、よく採りに行ったものだ。夏になると、毎晩うなぎとりの籠を川に沈めに兄たちが行った。ある日、それに大きな直径十センチくらいの大うなぎが入っていた。大だらいに入れると一杯になる。近所の人が伝え聞いて、見物にこられる有り様であった。人々は松本川の主だと言った。逃がしてやればよかった、と今にして思う。

兄が病弱になった元凶がこのうなぎの主にあるような気がしてならない。

昔は子供の進路も親に決定権があり、親の命令に従うのが当然とされていた。父は自分が独学で勉強した苦労を子供にはさせたくない、男の子には学問をさせる、女の子は女の教養をつけてお嫁に行かせる、と決めていた。私は勉強よりも読書が好きで、もっぱらひまを見ては学校の図書館で夢中で読書した。小学生のころは小説家になりたいと漠然と夢を描き、女学生になって、将来は何か職業に就きたい、出来たら人の髪をいじるのが好きだから美容師になりたい、とひそかに思った。

当時の美容では山野千枝子先生の学校がたった一つあった。両親とも絶対反対。母はまずお裁縫を習得させたいと願い、生花もお茶もと思っていた。

小月時代のエピソード

あれこれするうちに、父は小月駅に転勤が決まった。また荷造り。昔は鉄道一家といって鉄道マンの結束は固かった。多くの見送りと出迎えを受けて小月に落ち着いた。さすが山陰線と山陽線の違い、父は秒刻みの時刻表に合わせて勤務に精励、模範駅にするために、ひたすら努力していた。小月駅のころが一番男として充実していたように思う。妹が生まれるまで、私はひとり娘として随分わがままを許されたところがある。小月の官舎時代は兄と弟が火薬遊びをして、ドカンとすさまじい音響と共に怪我をして血まみれになったことがある。大騒ぎになって医師が飛んで来られ、手当てをされたが、「男の大事な所が無事で良かった」ともらして帰られた。兄弟共に人一倍好奇心が強く、いろんなことを試したい年齢だったのだろう。

ある時、知人から河豚《ふぐ》を貰った。河豚を初めて食べたのは小月である。おいしい、おいしいと家内一同舌つづみを打ったのはよかったが、大分して母が舌がしびれたと言い出した。さあ大変。この時もかかりつけの医師を呼んだ。その医師は、玄関で立ち止まって、中に入られない。内心怖く、万一の場合を想像されたのだと思う。診察の結果、別状なし。昭和十三、四年のころで、まだ河豚を食べる人も少ない時代のことであった。

妹は末っ子で、小月にいるころ幼稚園の発表会が劇場であった。特上の着物で踊った。その着物の仕立てには母の工夫で、大人用に出来るように身丈を裏に回しての仕立てであった。母は洋裁・和裁・生花・お料理が得意だった。

後年龍蔵寺に来て、生花の材料はすべて山歩きで探して活けた。「お花は足で活けるものよ」が、母の持論である。顧みると、母の工夫を学び実践したものはすくなくない気がする。ただ独善的な父に口答えをしたことも、外に出て愚痴を言ったことも、ただの一度もない。明治の女性は忍耐強く、夫に仕えた。言葉遣いはずっと敬語で接していた。私も嫁いで主人に対しては、同じように敬語で話した。

友人に対するような夫婦の対話には、私はなじめない。どこか古風なところがあるのだろうか。

花嫁修業だけの生活に私は耐えられず、とうとうゴリ押しで、東京の文化学院に入学して洋裁を学んだ。才能があればデザイナーになりたかったが、残念なことに、まだ自覚がめばえず幼かった。東京生活は遊び志向が強くて、親友と休みの日はテニスに映画、忍ばずの池までボートを漕ぎに行ったりと忙しかった。平和な良き時代でもあった。銀座の服部時計店は昔のまま今も健在であるが、街の様変わりを見て今様浦島太郎の心境である。銀座の柳も戦災で焼土と化して、昔の面影はない。あんなにあこがれて上京したものの、夕方の「豆腐、豆腐」と物悲しい売り声やラッパの音には郷愁をさそわれたものだ。親もとを離れて知る親の恩。その温かさが身にしみた。そのころ皇太子殿下の御生誕で、日本中がよろこびに湧いた。号外が出、サイレンが鳴った。

洋裁学校は卒業したが、すぐ帰る気になれず、両親に内緒でデパートの就職試験を受け、採用された。担当はレジ係である。毎日、売場は移動し、呉服売場もあり、次々と動いた。華やかなデパートの世界も裏は質素であり、社員の規則も厳しかった。昼食交替の間になぜか、金額が合わなくなる人がいて、困った。レジは高額なお金を扱うので、不正は許されない。その後、その人はどうなったのだろう。

私の両親は早く膝元に置きたくて、とうとう見合いの日取りを決めてきた。相手は早稲田大学の学生である。ちょうどお正月のことで私は桃割を結っていた。帰省途中、伯母の家でお見合いした。父も一緒である。そのとき何を話したか、会話も覚えていない。彼は両親を失い、お祖母さんに育てられた。先方は地主で家作持ち。お手伝いさんがいて、お祖母様の世話をしているという。私たちを見送り、彼はぜひ交際させて下さいと父に切望した。父はそのとき何とも返事をしなかった。そのうち彼から学生らしい便りが何通か届き文科だけに手紙には心をひかれた。結婚の条件が学生の間、お祖母さまと同居してほしいということである。父はその点が反対で、私に内緒で断ったようだ。まだ、お互い結婚する実感よりも、恋愛遊びではなかったかと今にして思える。乙女の日の淡い思い出の一こまである。

母は女のたしなみとして、和裁だけは充分に仕込みたいと、「お願いだから」と私を説きふせて、一年間和裁塾に通わせる手はずをした。伯母の家である。一年間和裁と長唄と清元を習いに毎日通った。伯母が、お大師様の大変な信仰を持っていて、夏は早朝五時に家を出て、お大師山を巡拝する。そのお供をさせられた。後日お寺に嫁ぐことになったとき、もしかして、お大師様との仏縁の深さによるのではなかろうか、としきりに思ったものである。和裁の塾には遠くから下宿している人もいた。針を持つことは苦手だったが、一年間でコースを終わり、一応自信が持てるほどになった。

家に帰って呉服屋から急ぎの仕立てを頼まれ、徹夜で縫ったこともある。その当時は家の者の仕立ては全部していた。それが当時の一般の女性の役であった。小月でも三味線を学び、父の時間の厳しさに、先生も半ばあきれて、箱入娘だからと協力して下さったものだ。

新米教師

和裁、洋裁、生花も習ったが、何か自分の中で充実感がない。そのころ戦争の影も色濃くなって、家にいる若い人には全員徴用がかかる時代が来た。親友も学校の先生になった。私もやってみようと勇気を出して手続きをしに、いかめしい県庁の門をくぐり学務課に入った。和服に袴姿である。貴女は女学校のお裁縫の先生ですか？　が第一声の質問であった。そんな雰囲気があったのだろうか。就職先は小野田の高千穂尋常高等小学校であった。そして驚いたことに、いきなり一年生の受け持ちである。熟練者しか持てない一年生。どうしよう。これはよほどの覚悟がいる。お嬢さん気分ではとても勤まらないと改めて自分で覚悟を決めた。

それからの緊張と試練は大きく、一カ月で四キロやせた。小月駅からの汽車通勤である。一学年七クラスで、高千穂校は県下一、二のマンモス校であった。先生の総数が六、七十人くらいだった。職員会議は全員出席で、ずらりと並んだ姿は壮観である。

学年主任の山本先生は中年の優しい良い方で、懇切に教えて下さった。ご指導下さった後にこの先生はよく講演の依頼をされ、永いおつきあいである。上席の阿部先生は故阿部校長の未亡人で、弟とご子息が親友だったこともあって、親身な配慮をして下さった。山本校長が特に娘のように気を配り可愛がって下さった。遠慮なく何でも話しにいったものだ。力もないのに、外部からの見学の先生をよく私の教室に案内された。

受け持ちの子は六十数名。教室にびっしりと机がある。どの子も可愛かった。幼稚園の少ない時代なので、集団生活に慣れていない。それから、しつけをしなければならないのだ。ピリッとしめることが下手な新米先生は、おっとりした優しい先生のイメージで子供たちは慕ってくれた。得意な課目は算術と図画。下手な絵やいろいろの物を使って数の基礎を教えた。苦手は板書に、ガリ切りである。算術の授業時、板書で棚を書き、鉢植えの絵を描いて説明していたら、「先生落ちる落ちる」の声がする。何のことはない、黒板の絵の鉢が落ちそうだと子供心にも気にかかるのである。

また、公開授業でドングリを扱い、数を教える方法をとって、授業がクライマックスにきたところで、知的障害をもつ子が、「先生ドングリがころんだ」と、大声をあげた。処置なしである。泣きたいような気分でそれからどうして授業をまとめたか覚えていない。図画は私自身描くのは下手なのに、子供は絵が上手であった。県展の特選入選者が多く、とうとう低学年の絵の指導を申し渡され、得意な子供を集めて補習した。

三年間心血をそそぐとは、この時期の自分の姿ではなかったかと思う。一瞬として心の休まる時間はないほど、神経をつかい、また指導案を作成。かみくだいて分かるように指導することに工夫をこらした。毎朝教壇に上がって、「皆さん、お早う」から始まる。一日子供の表情が読めてくる。子供の姿の後ろに親御さんの姿がはりついて見えるのも不思議だ。親のしぐさがそのまま子供のしぐさなのである。

持ち上がりが三年あると、先生の性格に似てくるのも不思議。教えるとはまねることだと悟った。

その当時は、まだ戦況も厳しく報道されなくて、男先生も若手の方が多く、活気にみちていた。若い独身の先生の中には、私に心を寄せている先生もあったようだが、蛍光灯の私は、気付かぬ顔をしていた。先進的な学校で、山を開墾し総合アスレチック場が作られ、それを活用するのに苦心した。一年ごとに戦況は厳しくなり、一人二人と出征される先生の歓送会が開かれた。校長はお酒の強い方で懇親会が多かった。真面目を絵にしたようなピアノのうまい同学年の先生が、夜の田舎道をよく家まで送って下さっていたが、その先生も出征された。

三年間、学校というところで情熱を燃やせたことは、その後の私の人生に大きい力を与えたと思う。実は私が龍蔵寺後住《ごじゅう》である主人と結婚することになったのは、同じ学校の青年学校の先生の仲立ちである。

薫兄が亡くなったのは小野田時代である。結核であった。兄は実に心の優しい人で小動物を可愛がっていた。また暇があるとよく漫画を描いていた。高下駄をはいた男の子が遊んでいる絵である。兄は萩中時代はマラソンの選手だった。父は兄が死んであれほど好きだった謡曲をぷっつりとやめて、以後一切うたわなくなった。子を失った親の悲しみの深さを本当に知ったのは、私もわが子を亡くしてからである。

お見合い、それから

母がいつも言っていたことは、「娘はいつも人に見られているのよ。そのつもりでいなさいよ」ということだった。それは昭和十七年の初春のことだった。遠い存在の青年学校の先生から私に、「先生の写真を貸して下さい」といわれ、主人の生家であるお寺のこと、学歴、大学卒、勤務先が大阪の南税務署であることを聞かされた。

大阪勤務は魅力があるが、お寺ということに少しこだわった。お宮とお寺には絶対嫁ぐまい、とひそかに考えていたことなのだ。思いは決まらないままに、日が経っていった。両親は私の結婚をぜんぜん気にしなくて、いつまでも家にいてほしいようだった。不思議な親である。

写真を渡してだいぶん経って、他の先生もおられたときだったと思う。これをお返ししますと包みを渡された。開けると主人の写真であった。誰かに似ていると思って見ると、当時の俳優の佐分利信に感じがよく似ていた。見合いの場合、条件を一応考える。父上は高齢、お手伝いさんがいて身の回りのことはしてくれる。結婚したら、別居で大阪住まい、主人は主任属で仕事も油が乗っている。それからトントン話が進んで、お見合いとなった。夏の暑い日であった。母が床の間に南天の木を涼しげに活けた。「どう」と母は私に尋ねた。生花の腕に自信があるのだ。女性として母にはかなわない。夕刻仲人さんと彼が訪れた。人ずれしていない、純朴な人柄。無駄なことを言わない簡潔さが、父には気に入ったようだ。何かのはずみで、彼がお汁を膝にこぼした。とっさに私は自分で気づかぬうちに膝の水気を拭っていた。とりとめもないお話をするうち、随分長居され夜遅く帰られた。私の中で、この人と結婚するかもしれないという予感があった。彼にもあったのだろうか、九月に入って正式に仲人さんから結婚の申し入れがあり、結婚することが決まった。お互い遠く離れているので、交際はもっぱら文通である。後から贈り物が届いた。ポーラの化粧セットであった。当時はもう衣類も切符制度で、家具用品も広島まで買いに行った。着物は日ごろ好きな品を買い溜めていたので、箪笥に一杯あった。

結婚式は昭和十八年三月二十四日、お地蔵様の日に決まった。日付けは忘れたが、昭和十七年の八月のこと、瀬戸内海沿岸地方が大津波に見舞われた。その日は風速三十メートルの台風であった。日直の帰途、歩くより風に押されて前に進む状態で、やっと家に辿りついた。その夜、海の堤防が切れたのである。電気も切れ家の中は暗闇、その時父は百足《むかで》に足をかまれ、大仰《おおぎょう》なほど痛がった。台風の中を母と二人で畠から水仙の根を掘り、すってメリケン粉と練って足に貼って、やっと痛みがおさまった。

翌朝、前の家の方が、昨夜は津波で小野田あたりは大変なことになったと知らせて下さり、大急ぎで学校に向かった。学校は罹災者の家族でどの教室も一杯である。授業どころではない。それから級の子供の家へ一軒一軒家庭訪問をした。津波の爪跡の大きさをまざまざと見た。衣類は全部潮水を受けて、裏地の赤い紅絹《もみ》の色に染まって使いものにならず、布団も潮びたし、見るかげもない有り様である。「先生」と言って受け持ちの子がすがりつく。可哀相だが、どうしてやることもできない。自然の驚異を痛いほど知った。馬も浸水にやられ、死骸があちこちにあった、と聞いた。早速、全職員は、堤防を塞ぐために、土嚢《のう》運びに挺身することになった。どうしたことか私は校長先生と組まされた。校長先生はご高齢、私はひ弱、なんとも頼りないコンビである。きっと先生方は面白がって、おかしなヤジキタ道中を見たがったのかも知れない。それでも皆さんに負けたくないと張り切ったが、夕方には精も根もつき果ててしまった。

結婚は決まっていたが、どんな婚家先か、皆目分からない。知っているのは児童の県展で、つづみの滝の絵がたくさんあって、それを見て滝のある寺ということだけ知った。

父と相談の上、お正月にあいさつに行くことにした。大歳駅から歩いたが行けども行けどもその道の遠いこと、尋ね尋ねてやっと辿りついた。龍蔵寺である。寒い。火鉢の暖ではブルブル、ガタガタ震えが止まらないほどである。ここには残雪が、あちこち残っている。父上は不在。お手伝いさんも親戚の不幸で留守。彼は喜んで迎えたが、そのうちお昼になった。当時、農家の家があり、応援を求めたのか夫婦と娘が台所でご飯を炊き、なぜかコンニャクがサイの目に小さく切ってあるだけで、彼はどこへ行ったか姿が見えない。父も私も困った。帰るわけにもいかず、見兼ねてとうとう前掛けを借りて、思いがけなく主婦業をする破目になった。

そのうち彼は蟹、卵その他いろいろと携えて帰って来た。さあ、この材料をどうしよう。日ごろ、ろくに夕食の用意をする時間もなく、母に頼り切っていた罰でとっさにメニューが浮かばない。それでもふだんの母の料理を思い出して、なんとか何品かが出来た。そのうち父上も帰られ、食事を一緒にした。父上のお土産の折詰の何品かを農家の人に持たせたが、大失敗を演じた。鮎の塩焼きを持たせたのである。父上は呆れられたと思うが、口には出されなかった。

夜になりいとまを告げて、凍てつく道を、提灯の火をたよりに馬車に乗り、湯田駅まで見送ってもらった。後で先輩の先生から、「未来のご主人と握手ぐらいしたでしょうね」と言われたが、ウブな二人はそんなシャレタことはしなかった。彼はお手伝いさんが留守なので湯田まで材料集めに駆け回ったことを、後に弟の嫁になった、野原旅館の長女であった義妹から聞いたのは、ずいぶん後のことである。

白く長い髭をたらし威厳のある父上は、座談の名人であり、名僧である。私の父は彼の誠実な人柄を、再確認し、父上にもお会いして安心したようである。母は料理の出来栄えが気になるらしく、私の説明を聞きほっとしていた。

次第に結婚の日は迫ってくる。担任の子のテスト、通知票作成と、毎日が慌しかった。布団縫いや、いろいろあって親戚からも応援があり、少しずつ華やいだ空気が家の中をただよい始めた。

満開の紅梅の下で

結婚式の前日、出立《でた》ちの宴を張った。美容師さんが泊まり込みで、私の髪を高島田に結い、晴れ着を着せて披露するのである。学校から校長先生ほか、多数の先生が来て下さった。未熟な私を傍らで支え励まして下さった先生方は、結婚の門出を心から祝って下さった。後日、そっと教えて下さった話なのだが、校長先生はひそかに、私を息子さん（当時、歯科の大学院生）の嫁にと考えておられたとのことである。そういえば、仲人の先生が自慢気に、私の嫁ぎ先を縷々《るる》説明して下さったとき、その話はよく知っているとそっけない言葉だった。「貴女はほかの先生とは違うから、そんなに一生懸命になって体を無理しないように」と、なにかと気遣って下さっていた意味が、おぼろげに分かった。縁があるとはこういうことだと思う。宴も終わり、外に出て家の周りを歩いた。いよいよこの家ともお別れ、夜空に星がまたたき、殊のほか美しかった。が、心の中では老いていく両親との別れのつらさをかみしめていた。

当日、早朝から支度をして、定刻に車に乗ったのに、途中で車輪がパンクしてしまった。予定の列車に乗れず、小野田駅前の旅館で休憩。その間、花嫁はせっせと袴の紐のたたみ方を教わる有り様である。今思えばコッケイな図である。花嫁の私のために、多くの先生方がホームで見送って下さったが、私の一番つらかったのは担当の子供たちとの別れだった。結婚して後も子供たちの面影が随分ながく心にのこった。

汽車に乗り、湯田駅からタクシーに乗ったが、花嫁は途中気分が悪くなって下車、さっさと上り坂を歩いたそうだ。なぜか滝河内の家々は人影もない。後で分かったことだが、全部お寺に花嫁さんを迎える手伝いに来ておられたらしい。冠婚葬祭を地域ぐるみで助け合う風習は戦前は固く守られていた。彼は予定時間、本堂の前の満開の紅梅の下で花嫁を撮ろうと待ちかまえていた。私の到着が遅れ、日が落ちて諦めたと、残念そうに話したのを後で聞かされた。

当日は中宿で休憩をしてと予定もあったが、何しろパンク騒動で遅れて、慌しく式服に着替え、記念写真を滝を背景に撮影したが、娘さんたちの関心はもっぱら花婿さんに向かっていて、溜息が聞こえる。「まあ、佐分利信にそっくり」と。ざわめきの輪が広がっていった。花嫁の私はただ緊張して、お人形のように言われるままに並んでいた。

第二章

蓮のうてな

妻となって

式も祝宴も終わったあと、両親が帰るときになって、取り残される心細さで涙が溢れた。父上が、「さあ、これからゆっくり夕食にしよう」と茶の間に座られ、私たちも座ると、夫婦茶碗と揃いのお湯呑を下さった。中国の陶器であった。「一生大切に使いなさい」と、若い夫婦への心からの贈り物、胸にじんと沁みた。こんなにまでして待っていてくださったのだ。傍らで主人は「陶器は割れるかもしれない」と、そこは親子、いわでものことを口にしていた。父上の食事のとき、私はお箸を間違えて下げてしまったら、「親方を取られたら食べられん」と冗談をいわれ、私の心を引きたてようとされた。しかし、この一言は慌て者の私にはこたえた。これからもトンチンカンなことが続出するであろうと恥じ入った。何しろお寺のしきたりには、これまで全く無縁であった。

三日にわたって披露があり、専門の板前さんや親戚の人、近所の人は準備のために忙しそうに立ち働いていらっしゃる。新夫婦は邪魔者。滝の下で写真を撮ったり、瀧塔山に登

二人で撮った唯一の写真

ったり、優雅なひとときを過ごした。そのとき、主人が将来の夢を語った。それは、「青少年の道場を作りたい」というもので、熱っぽく語り続けた。

後に私が今の道を歩むのに、大きな暗示となったのである。

披露宴で今は故人の水野旅館のおごう様、野原旅館のおごう様等々、歌い、舞いと、心から喜んで祝って下さり、「今日は本当に嬉しうありました」と、晴ればれとして帰られた姿が忘れられない。

この地方では、ひざ直しといって新夫婦は三日目に里帰りをするものだそうだ。すでに戦時色の濃い昭和十八年、丸髷で新婚さんが歩いているのは珍しい。ちょうど防災訓練をしていて、縦二列に並んだ人たちは両側に分かれて、二人はいや応なくその真ん中を歩く。それを拍手で祝って下さるのだが、その恥ずかしいこと。その列は意外に長く感じられ、拍手が終わったとき、じっとり汗をかいていた。

次第に実家に近づいてくる。

まだ嫁して何日も経っていないのに、実家の懐かしいこと。自然に私は早足になる。先に家に入らないように、と主人にさとされていたが、思わず玄関に手がかかる。二人を迎えた里の両親、兄弟の喜びようといったらない。「あんたが嫁いで、家の中は火が消えたようだった」と漏らした母の一言は胸にジンときた。やっぱり実家は心が安らぐ。今まで気が張っていたのが、一度にどっと疲れが出た。

休暇をとって帰省している主人は、時間のゆとりは少ない。初めての里帰りとはいっても、その日のうちに婚家に帰らなければならなくなり、弟がついて行くという。弟は当時、九大の医学生であった。本人は気を遣ってか、大歳駅からずっと、私たちの前をずんずん歩いている。闇なのに初めての道がよく分かるものだと感心した。

父上の死

その晩、弟は父上と枕を並べて床についたようだ。夜半に、父上が手洗いに立たれたとき、一緒についていったという。そこで父上は倒れられたのだ。張りつめた精神力で、無事結婚式を終えられたからだろうか。「良い嫁が来た」と会う人ごとに話されたと聞いたのは、病の床に就かれてからのことである。弟は少しは医学の知識が役に立ったことを喜び、応急処置から看護婦の必要なことや、あらゆることに気を配って、ずっと付き添ってくれた。

私は毎日父上のそばにいて看病した。語るともなく父上は、毎日、自らの若き日の話から、その他の思い出されることを語られた。毎日聞かされてもあきない機知に富んだ話が多かった。そのうち風邪がこうじて肺炎になられ、日増しに苦しそうであった。布団も病が重くなると、四方を吊り、重みを軽くすることも知った。見舞い客も次々と来られた。水野のおごう様が顔をきかせて、様々な珍しい食べ物を届けて下さった。

そうした皆の祈りもかなわず、床に就かれてわずか一週間目に遷化《せんげ》された。享年七十九歳であった。主人の悲しみ、嘆きは見るにしのびないほどであった。私も父上を尊敬し、少しでも、孝養を尽くしたいと、アンマの練習までしてきたのに、と悲しかったが、主人の悲しみを想うと表に出せず、ひたすら心を引き立てた。父上五十歳の時の長男であって

父上と一緒に

みれば無理もない。先住職の葬儀の早朝、主人はあの房々した黒い髪を私にバリカンで刈らせた。さすがに僧侶である。潔い一面を見た。

若い二人にとって父上を失ったことは木から落ちた猿同様。何から手をつけたらよいか、一つ一つが試練の連続。口にこそ出さなかったが、主人も悲しみを隠して心労が多かったと思う。

葬儀も終わり、初七日も済ませ、主人は大阪の税務署を退職さぜるを得なくなった。新婚旅行をかねて、正式に辞表を出し、あいさつしてくることになった。留守は主人の姉夫婦が引き受けて下さった。あいさつを兼ねての上阪であるから、姉上は「美千代さん、これもお持ち」と丸帯から訪問着まで持たされた。

初めて見る堺の新居、それは荷物をまとめるための旅である。親戚が大阪には何軒かあって順々に来訪し、泊まるのである。私が嫁したら、嫁を私の手で躾けると手ぐすねひいて待たれた叔母様はすでに亡くなっておられ、内心はほっとした。

南税務署には、なぜか主人は行かず、友人と相談の上、私が行って署長さんにお会いした。

「宮原君の、あのカッカッと威勢のよい靴音が聞かれなくなりますね」と、惜しまれた。親友は良い方ばかりで、別れは寂しかったと思う。男同士の友情は見ていて羨ましい。

思いがけない父上の死によって、私たちの生活設計も予想せぬ方向に向かったのである。主人がかつて修行した高野山に、父上の分骨を納めに登った。私には初めての参詣である。奥の院の何ともいえない有り難さ、歩きながら、こまごまと説明してくれる。しかし、寒さには震えた。一週間余の旅を終え、無事帰山した。

新生活

さあ、これから私たちの生活が始まる。お手伝いさんとシェパード犬と山羊と私たち夫婦。大人が三人いるのに忙しい。近所の人が不思議がって、「奥様は、何をなさっておいでますか」とお手伝いさんに聞かれたそうだが、際限なく仕事はあるものだ。蜜蜂の蜜を取る作業も十数箱あって大仕事。お茶摘み、野菜作り、枇杷の袋かけ等々、山家住まいの珍しさと、広い本堂の掃除、境内の草取り。意地悪をする五つ年下のお手伝いのひさちゃんを手離したくても、当時のひ弱な私の体が心配で主人は引きとめ続けた。何しろお料理はお手のもののひさちゃんなのだ。お風呂の水は出しっ放しで、山に登って本を読んでいる。ヤレヤレ、私の頭痛の種は、お手伝い一人を使いこなせないていたらくだった。

そのひさちゃんに徴用がかかって帰郷、主人は翼賛壮年団の事務所につとめ、福田中将の下で働くことになった。この組織は、山口市内の主な商店主が中心になって作られていたように思う。ある晩突然、翼賛壮年の面々が来られた。中野クリーニングの現会長の中野三郎氏、岸田時計店の岸田権吉氏、山陰堂の竹原荘吉氏ほか何人かいらっしゃった。「奥さん、これから参籠しますが、布団は要りませんよ。食べるものもいっさい無用です」と、わざわざ繰り返し念を押された。しかし、朝起きてみると、何と全員布団を着て熟睡中である。手早く龍蔵寺手づくりの味噌でお味噌汁とたくわんを添え、白米を炊いた。皆様に朝食を差し上げると、こんな美味しい味噌汁を食べたことがないとお上手を言いながら、何杯もお代わりをしてくださった。白米ご飯は、子供の土産におにぎりにして下さいとおっしゃって、持って帰られる。当時は切符制のきびしい食糧事情で白米のご飯など口に出来ない時代であった。

ある朝、物音に驚いて目を覚ますと、目の前に山羊の顔があるではないか。山羊は紙を食べるとは聞いていたが、障子の紙を食べて寝室を覗くとは……。あれだけしっかりとつないでいたのに、くやしいやらおかしいやら。この山羊には苦労させられたものだ。主人が山羊小屋を建てることになり、木材を切り、湿地なので岩を利用して、暑い日、丸一日かけてやっと仕上がった。ヤレヤレと安堵していたら、一日も経たないうちに物の見事に倒れてしまった。主人は思いのほか器用ではないと判断せざるを得ない。

また、父上がお元気だったころ、お正月に訪ねた時だろうか、主人が父上に「お父さん、お父さんは炭がないと言っていながら、こんなに良い炭があるのに……」と不服を言った。

「それは、こうして生木を火鉢に入れ、周囲に籾を置いて自然に炭が出来るのだ」と、その過程を説明された。さすが物のない時代、生活の知恵なのだと感心したものだ。

慣れない山奥の生活と労働で私は体調をこわして、毎日青い顔をしていた。あるとき水野のおごう様がお参りされて、私の様子を見て、帰り際に「もしかして、おめでたではありませんか、のんた」と言われた。祈るような思いで心待ちしていながら、思いがけない一言である。早速、診察に行き、「おめでたです」の一言は、天にも昇る喜びだった。

主人に常日ごろ「お前は三日働けば一日寝る」といわれる有り様で、「コンスタントに仕事をしたらどうか」と言われながら、これをすると思い立ったら一気にやり遂げないと気が済まないたちで、体力が不足し、それについて行けないのである。

二月二日の定期検診で日赤に行った日、思いがけなくしんしんと雪が降り、見る間に積もった。身重の体、そのうえ高下駄でこれから一里の道は帰れない。タクシーもない電話もない時代で、連絡する方法もなく、私は考えた末、親戚同様の湯田温泉の野原旅館に泊まることにした。皆さん大歓迎である。主人が山口中学時代、下宿していた家なのだ。温泉に入浴し、ゆっくり談笑していたら十時も過ぎていた。「ご免下さい」と人の問う声がする。今ごろ誰でしょう、と出られた方がびっくり。それは主人だった。まあ、この雪の中を？　と私も嬉しさと、申し訳なさとが交錯して、「あなた、どうしてここが分かりました？」と尋ねた。主人は、私の検診は知っていたが、帰らないので心配して、私の行きそうな知人の所を一軒ずつ尋ねたそうだ。あの大雪の中を歩いて何軒目かでやっと尋ねあてた、とほっかりしていた。さあ上がって下さい。そして、一風呂浴びてごゆっくりご夫婦でやすんで下さいと、家中でもてなして下さった。二人になって「すみません」と詫びた。翌朝、三十センチの積雪の中を、足袋はだしでお寺まで辿りついた時は随分遅くなっていた。

ある日、見るともなく見た主人の日記に、「僕は結婚して初めて初恋をした」と、書いてあった。あの都会にいて嘘ではないかと思ったが、表面きびしいが大切に大切にしてくれる思いは、私には身に沁みて分かっていた。どうして、こんなに私を大事にするのかしら、もしかして、早く別れる日がくるのでは？と思い悩んだ。「満つる月はいつか欠ける」の諺がある。こんなに幸せでよいのだろうか。と何度も思ったが、これは私の予感であった。私も一日一日、精いっぱい主人に尽くした。

孝子の死

そのうち主人は県庁の兵事課に就職した。毎日のように礼服を着て、知事さんの代理として、戦死された方のお宅に弔問に行く日が続いた。そうしているうちに、お産の予定日、四月十一日。難産の末、わが子の誕生をみたのに、一晩生きていただけであえなくあの世へ旅立った。色の透き通るほどに白い、あいくるしい顔立ちの女の子であった。体重二千八百五十グラム。わが子とはこんなに可愛いものか。布団に眠っている子を見て、いつの間にか私はお産の疲れで眠ってしまっていた。

目が覚めると、じっと赤子の顔をながめ、そばに寝かせているだけで、心が豊かになる。産褥の中で、いとしさのあまり、可愛い手を握りしめていたのに、親を残して旅立ったわが子。たったひとり死出の旅路をさせるのはしのびない、一緒に行ってやりたいと本気で考えていた。授乳しない乳ははり、高熱で天井がぐるぐる回る。混沌とした頭の中でしきりに思っては涙が止まらない。記念に写真を撮ってもらったが、よく撮れていなかった。

不思議なのは、そのとき、主人のことは念頭から忘れ去っていたのだ。小さな棺におさめ花で飾って葬った。名前は孝子と命名した。

頭も上がらない産褥の中の毎日のつらかったこと。親心も体験して初めてわかった。産後の肥立ちも悪いので、母が小母さんを傭ってよこした。毎日、心を砕いて食事を作り、よく世話をしてもらった。

赤紙の土産

六月のある日、主人がニコニコして帰り、今日はお土産がある、という。ちょうど甘党の主人のためにお萩を作っていた手を休めて「何でしょう」と聞くと、おもむろにカバンの中から出したのは、一枚の赤紙であった。私を悲しませぬよう、主人としては精一杯の演技である。「イヤ」と言ったようにも思う。心中は心細い。寂しい。まだ体も回復していない時、一人ぼっちになるなんてあまりにもつらい。心の中で誰にぶっつけようもない嘆きを、出征する主人には見せられない。その時私はどんな表情をしたか、しかと覚えていないが、「出征の日はいつですか」とさり気なく聞き、親戚への連絡、出立《でた》ちの宴の準備、聞いて置かなければならないことなどと、頭の中はもう主婦の役目がグルグル回っていた。表面は明るく振る舞いながら、指折り数えるほどしか日はない。苦しい自分との戦いの日々であった。

赤紙が来てから毎朝本堂の本尊様の前でお経の練習をさせられた。「一緒に唱えなさい」

と言われても声が出ない。本気でないと叱られる。主人も出征を前に頼りない私一人を残して行くことは断腸の思いだったであろうと思う。

明日は出征という晩遅く、たしか教育勅語だったと思う、暗誦したので私に聞いてほしいと言う。聞いているうちに悲しくて耐えられなくなった。主人は「もういい」といい、お義姉さんが代わられた。私は寝室で声をころして泣いた。泣く私を主人はしっかり抱きしめた。

これっきりの縁かも知れない。水杯をして別れるのが出征である。翌日は山口の四十二連隊に入隊した。主人は学生時代、剣道をしていたが、何かのはずみで肋骨を二、三本折ったと言う。それで正規の兵隊として出なくて済んだようだ。翌朝は出征兵士を送る人たちが次々と集まられ、おめでとうございます、とあいさつされ、万歳三唱、出征兵士のあいさつ、何もかもこれが戦時中の型通りの儀式なのだ。

主人が隊にいる間、毎週日曜日には徒歩で二里の道のりを面会に通った。面会許可のない日も連隊の裏のからたちの生け垣には、すでにトンネルが出来ていて、隊員さんにお願いすると必ず面会が出来た。そこには思いがけなく許可のない肉親の人たちの人垣がある。夏の暑い日、龍蔵寺から連隊まで歩くのは往復四里、一週間ごととはいえ疲れが出て、とうとう高熱を出して床に就いた。

その間、毎日手紙が来た。多い日は朝と夕と二度来ることもある。面会第一回の時は、やせて別人かと思うほどやつれて、いたましかった。訓練は厳しかったようだ。そのうち、隊の中の人が良くして下さり、外出の機会もあった。行くたびに食べもの、煙草と遠くまで買い出しに出て、上官の人へのお土産にした。今の若い人たちには戦時中の隊内の厳しさはお話ししても分かってもらえないだろう。二度と帰れないだろうと覚悟していたが、思いがけなく三カ月の訓練後、特別な計らいで除隊された。主人が帰ってくる。嘘のようだ。例のタッタッと大きい靴音をさせて石段を上がってくる。喜びを体一杯に表して、正直、夢のようだった。そのころまた、新しいおばあちゃんがお寺において下さいと、手伝いに来てくれていた。早朝からよく立ち働くが、熟柿《じゅくし》に目がない人だった。せっせと草取りをしたり、炊事もよくした。なぜか私は家事手伝いの人には恵まれていた。主人は除隊の途中、同期の人に出会って、「しゃばの空気はおいしいのう」と、言ったと笑って語ってくれた。懐かしいのか、家の周囲をぐるぐる回って感慨ひとしおのようであった。おばあちゃんはお茶の用意や食事の用意をしたりして、二人の邪魔をすまいと気を遣っている。

阿知須に海水浴に行ったり、あちこちと小旅行をした。今思えばいろいろな思い出を作ろうとしたのだろう。県庁勤務は時々「法務があるから休みます」と、欠勤届はもっぱら私の役であった。秋の柿もぎ、栗拾い、寺には前住職の父上が果樹を随分植えられて、小みかんの大きい木もあって、四季の果物が絶えなかった。私たちにとってこの間が一番充実していたように思う。離れてみて、お互いの大切さが分かったのだ。心の中で子宝に恵まれることを祈った。切実な願いだったが、こんな時、なぜか恵まれない。神仏の思し召しがなかったのだろう。そうして十一月に入って、再度召集令状が来た。もう涙は出さなかった。主人が戦地に行くまでに腹巻きを編んでくれと言い出した。胴寸法を計り、編んでみると、胴の二倍もある。また解いて編み始めたが完成しない。

主人を広島の連隊まで見送ることにした。水野のおごう様が広島一のホテルを予約して下さった。私は列車に乗ると酔って広島に着いたときは、半病人であった。なのに編みかけの主人の腹巻きをせっせと編み続けた。明朝は主人の肌に付けるのである。父母とも主人が気に入って、息子のように思っていた。せめて見送りだけでもと父が一緒だったが、別れの夜は二人だけにしたいと、年の功で部屋の交渉をしていた。

まだ腹巻きは仕上がっていない。夜遅くまで編み続けてやっと朝編み上がった。別れの時間が刻々迫る。営所の見える所で、「ここまででよい」といい、「行ってきます」と、敬礼して元気にタッタッと靴音をさせ、後ろ姿のまま営所の中に吸い込まれた。そこに父がいてくれなかったら、座りこみそうな虚脱感におそわれた。恐らく父はそこを考えて、あえて一緒に見送ったのだろうとあとで気がついた。父の支えで無事帰宅した。それからの毎日の寂しさ。これは戦場に身内を送った人でないと実感がないと思う。

ある日用事で街に出て、誰が写してくれたのか一枚の写真がある。心細げに頼りない顔で町を歩く一人の女性。それが当時の私の姿である。むなしいとはこのような時をいうのだろうか。

法城を護りて

どういう因縁か、嫁して十日たらずで先住が遷化され、翌春わが子があの世へ旅立ち、終戦を前に主人が戦死と、三年間、それも四月の月に三人の家族を失うという悲劇、考えもしない運命に見舞われたのである。一時は生きる意欲を失い、夜、部屋に入ると、昼間張りつめているだけに、毎晩失意の中で死を考え続けた。私は墓守として嫁したのだろうか。なぜ？　御仏の試練としたら厳し過ぎる。そのころは自分で異常だと思いながら、その闇から抜け出るのに、随分の時間がかかった。それからの私の写真を見ると、心の底からの笑顔がなくなった。

どんな同情も励ましも、煩わしい以外なかった。もう私から捨てるものはなんにもない。人間は極限状態に置かれた時、どうなるのだろう。前が見えない。周囲も見えない。自己愛も失せて、心は真っ暗。一つかみの理性が残っていなかったら、精神に異常をきたすか、死を選んだことだろう。あの山を越し得た力は、御本尊の大日如来様のご加護と、亡き主人の加護だったと思えるようになるには、随分の日時がかかったが、心が晴れたのではない。理性だったと思う。

今思い出しても、当時のことが甦《よみがえ》ると涙がにじむ。法話でもタブー視して、長い間口に出せなかった。高野山での教学講習の実演で、初めて口にした。話す方も涙、聞く人も涙であった。生きるとは死ぬことなりという。生死一如、本来の自分に立ち返った時、生きている限り、悔いのない人生を送ろう、一度心は死んだのだ、と居直りの人生、恐いもの無しの人生が始まった。

それでも定例の法会があり、突然馬が何十頭とお詣りする。慌てて玄済寺さんへ走って御老僧に来ていただくこともあった。仏前の荘厳《しょうごん》の仕方も分からない。お経も読めない。心中どんなに寂しくとも、法城を護る義務がのしかかっている。出征前に師僧を嘉川の浄福寺の院家様に頼んであるから、勉強しなさいと住職に申し渡されていた。そして、本山にも依頼してあるから教師資格をとるようにと。一口に真言宗僧侶の教師資格といっても、宗教大学卒の人に与えられる資格が、そんなにたやすく頂けるわけはない。

まず何からでもよい、学ぼうと思った。そして、真言宗の理趣経の読経から始めた。後に本山の密教学院に入学して学んだ時、お経は雨だれが落ちるように、たんたんと読むこと。お経は口でお唱えするのではない、耳でお唱えするのだと聞かされた。式衆と共にお唱えする時の心得である。そのころ、経本をたもとの中に入れ、暇があると誦して、まず読むことに慣れる訓練をした。

ある日思いがけなく、一枚の葉書が届いた。主人からの鉛筆の走り書きであった。文面は今から外地に赴くことになった。班長になり、部下は誰々と名前が記され、軍の機密で行き先は書けない、元気でいるから安心しなさい、とだけ記されていた。誰に頼んで投函されたか知る術もないが、恐らく行きずりの人にそっと渡したのではなかろうか。葉書は土で汚れ、しわになっていた。便りはこの一通のみである。何日か経って夢を見た。それはありありとした夢であった。輸送船に主人も乗り、多くの戦友もいて、ごった返している中に、白木の箱が並んで置いてある。僕もこの白木の箱になって帰るだろう、というところで目が覚めた。妹と枕を並べて寝ていて、私の枕が涙でぬれているのに、妹が「どうしたの」と聞いたことがある。正夢か？ 不吉な予感が頭をよぎった。「毎朝八時にお地蔵様に参りなさい」と、私に言い残していた。私は毎日約束通り、八時にお地蔵様の前に座った。お経をあげているうちに、なぜかある時期から船に酔ったように体がゆれだし、当分そんな日が続いた。あー、今は船の上なのだ、と、体感するものがあった。そして、何日か過ぎて、もう酔うことはなかった。上陸したのだろう、と思った。また随分日が経過して、ありありとした夢を見た。「美千代、帰って来たぜ」と晴ればれとした顔である。「どうして帰られました」とびっくりして尋ねると、「ちょっと暇が出て飛行機で帰って来た」と、驚きと嬉しさで何か言おうとした時、目が覚めた。

最近、平井知事夫人と懇談の時、霊界の話に花が咲き、今の夢の話をしたら、「きっとその時がご主人の戦死の時ではないでしょうか。きっと会いに帰られたのですよ」とおっしゃった。

そうかも知れない。苦しい時、悲しい時、決してそれを見せない人だったから、あの晴ればれとした顔が死の瞬間、私への別れに帰ったのだろう、と今は思える。そのときはまざまざと会えた喜びで当分私はご機嫌だった。

そのころ東京・大阪は空襲で、主人の義姉さん一家、主人の従弟一家、と家は大世帯にふくれ上がった。毎日食事の世話でへとへとになり、保有米も全部出し切ったが、どうにもならなくなり、世帯ごとの食事に切り替えた。従弟のご主人は大阪勤務で、どこから手に入れられるか、牛蒡や里芋を送られていた。義姉さんは宝地の山奥へ玉子を買いに行かれる。慣れぬ田舎住まいに、皆疲れきっていた。

八月十五日の天皇陛下の終戦の御詔勅に、お義兄さんは男泣きされ、皆も泣いた。苦しい暗い戦争の毎日。日本国民は誰も歯をくいしばって我慢したのに戦争は終わった。そのうち、夜電灯がつけられる。明るい光だ。それぞれの家族が日を追って帰られたり、移住された。私の実家の家族はお寺にいてくれた。これは主人が出征前に頼んでいたようだ。父はもう鉄道を定年退職していたので、例のごとく、こまめに寺のこと、田畑を作ることに気を配ってくれた。母は家事をしてくれ、私は娘時代のように寄りかかった。

蓮のうてなに

昭和20年4月23日、呂宋島にて戦死した主人・隆男

そのころ内地勤務の兵士はぼつぼつ帰還が始まった。医者の弟も九州だったので早々に帰還した。そのころから、毎日毎晩主人の帰りを待つ日が続いた。敗戦日本に帰還する兵士は、昼間堂々とは帰れないだろう。毎晩耳を澄まして、あの石段をカッカッと靴の音がしないだろうかと待ち続け、朝方うとうとと眠る習慣がついた。以後この習慣に悩まされたものである。

夜のしじま　息をつめつつ待つ君の
足音も無く　夜は明けそめぬ

日時を忘れてしまったが、随分日が経過して、ある日見も知らぬ男の人が訪ねてこられた。隆男さんの戦友ということである。本堂にお通しして、初めて、主人の戦死を聞かされた。大隊で一、二名しか生き残っていませんとのことである。フィリピンに上陸後、アメリカ兵の強力部隊により全滅した、と。名前を言っても、誰がどこで戦死したかつまびらかではない。それが実情のようだ。戦死の公報が正式にあったのは、昭和二十二年の晩秋だった。公報には死亡告知書として、「兵長宮原隆男、昭和二十年四月二十三日、呂宋島マウンテン州ボシドック道二十Kニ於テ、全身砲弾破片創ニ因リ戦死セラレ候此段通知候也、昭和二十二年十一月一日」と記してあった。召集令状もたった一枚の赤紙。一人の人間の死の知らせも一片の紙である。持ってこられたのは、不思議な御縁か良城小学校で主人と同級生の古野隆行さんが吉敷支所勤務のころのことである。公報が入っても肉親の義姉さん方も信じなかった。「きっと帰ってくる」といって出征した主人の言葉を信じきっていたのだ。しかし、昼間は皆の前で明るく振る舞っても、夜一人になると待てど帰らぬ事実は、次第に悪い方に考えていく。やりきれなくなると、主人あての手紙を書いて、あて先のないまま、本尊の大日如来様に供えた。仏教の教えの中に四苦八苦とあるが、愛別離苦の悲しみの深さがこれほど苦しいものかを実感した。わが子を失った時の悲しみとも違う、一生頼りにする人を失うことの大きさを改めて思い知らされた。暗いトンネルからなかなか抜け出せなくて、毎日心の葛藤があり、異常であった。何とか立ち直ったのは何だったのだろう。やはり、当時本堂に安置されていた大日如来のおだやかなすべてを包みこまれる慈悲のお姿だったと思える。これから人のために新しく生きようと、おこがましくも思った。やっと落ち着くまでには随分長い日時がかかった。そうだ私は法城護持の責任がある。泣いて暮らすのも一生、楽しく暮らすのも一生、みじめな生き方はすまいと決心した。

その時期、口に出さず見守った両親の苦しさを、この年になってしみじみ思う。つらかったであろう。私の数倍、そばにいる人が心を痛めたであろうと思う。そのころ農地改革の話が出て、制度化された。それを察知して、それ以前に私は田を作り始めた。田畑が二町あった。その中の何反かを残したかったのである。農家育ちでない私にとって、吉敷の里に嫁してから、生活様式が異なって、とまどうことばかりであった。戦中までは、お寺に来られても、「ご免下さりませ」と戦中私が龍蔵寺に入寺してから、近所の方が訪ねられると、土間に入る前に、さっと草履をぬがれたものである。一般のお家のお嫁さんは姉様、寺は奥様、特に家柄の良いお宅も奥様で階級差別が残っていた。

終戦と同時に、吉敷もがらりと変わった。昔、だん様とあがめられた人も農地改革で田畑は取り上げられた。買った人の中には、その後高い価格で売った人もいる。闇成金も続出した。混乱の時期である。そのころ書棚を整理していて、思いがけない秘密の個所から主人の遺言が出て来た。出征前の忙しさの中で、いつ書いたものだろう。私は知らない。読んでいくうちに涙で字がかすみ、読めなくなった。今は封筒は虫くいで紙もボロボロになっている。遺言状には次のようなことが記されていた。

遺言状　美千代殿　親展　として、次のように書かれていた。

「結婚して一年七カ月余、あまりにも短い二人の生活でした。本来わがまま者の自分に、何の不平もなく尽くしてくれたことを感謝します。言葉の上では、そして、表面上は随分辛いことを言ったと思いますが、心では常に感謝していました。男の本当の愛情は決して表面に形作られては現れないかもしれないが、本当は大きい大きいものであることを信じて下さい。

自分亡き後、これから永い一生を独りで過ごすことを思うと、この字を書きながらも涙が溢れます。どうか体を大切にして、行く先に希望を持って生きて下さい。自分の霊は必ず貴女の側にあります。行く先はやはり国重御尊父、天野外親籍の者と相談され、この龍蔵寺の仏様にご奉仕されることが一番安全ではないかと思います。龍蔵寺には、自分の両親の霊も眠っております。かねての貰い子の件に関しては、国重御尊父様と相談の上、結局は貴女の最も良いと思う子を選んで、家をたてて下さい。貴女の良いのをですよ。

何もかも急のことで言い残したことも書き洩らしたこともあると思いますが、判断して善処して下さい。金銭、諸道具、その他は貴女の思うとおりになさい。決して他に遠慮してはいけない。幸福を祈ります。毎月二十四日、地蔵様にお参りしなさい。十一月四日朝

隆男より　美千代殿」

また、お姉さん方には、三姉上様として、

「いよいよお別れです。姉妹助け合って仲良く進んで下さい。親元として、何か尽くしてあげたいと思っていましたが、これもお国のためです。大変お世話さまになりました。厚く感謝します。美千代のことお願いします。今では宮原家に残ったただ一人です。仲良くしてやって下さい。お体御大切に。皆様によろしく。十一月四日　三姉上様」

十一月六日入隊だから、出発前日早朝、走り書きをしたのであろうか。私には何も言わないままに、誰にも分からない書棚の隠し引き出しになっているその中にしまってあった。読んでいくうちに、主人は私の再婚は思ってもいなかった。主人の遺志はどこまでも龍蔵寺にとどまっていてほしかったのだ。私も再婚の意志は全くない。あちこちから来た縁談も、全然気が向かず、逆に男の人にやれることが女でやれないわけはない。これからは自分の力で思うような人生を歩いてみたい。誰にも束縛されない自由な人生を歩みたいと思ったものである。主人が初めて出会い、二世を契った私への厚い信頼に、私もこたえたい

と思った。短い縁であったが、主人は何か予感があったのだろうか、私を大切にしてくれた。後で思い返すと時間を惜しむほど、私と共にいたかったようだ。宮原家は私一人が籍に残っていた。

外出して、たそがれ時、家路をいそぐ吉敷の里には、家に灯りがともっている。そこには家庭があり人の幸せがある、と思うと、何とも形容しがたい侘しさにつまされた。昨今家庭なき家族、といわれる。現在の社会的病理に、大人の身勝手さを思う。遺言を読んで以後は、いつも主人が私のそばにいて、守ってくれると信じ、心が落ち着いた。主人が戦死した時、私は二十六歳だった。

真言宗教師への修行

それからどんないばらの道が待ちかまえているかも知らぬまま、私はこれからの人生は自分の意志で、思うように生きてみたい、と大きな夢を描いた。若いとは怖いもの知らずである。それから、先住職であった主人の後を継いで、住職になるための修行を本格的に始めた。覚悟が決まると一途である。出征する前に、嘉川・赤坂の浄福寺の老師、粟屋黙龍師に、私の師僧になって下さるようすでに頼んでいたようだ。さっそく、読経から教わった。もう声が出ないなど、甘えてはいられない。理趣経を繰り返し、誦した。お経を唱えるには何となく、リズムがあり、繰り返すと自然に覚える。それでもたどたどしい。帰っても、仕事の合い間に、袂に入れた経本を出して読んだ。

そのうち教師試験があると通知が来た。早速、御老師のもとに行き、毎日毎日教義の解釈を教えて頂く。御老師は、そのころもう寝たり起きたりであった。何時間か勉強すると、疲れたとおこたで横になられる。私もなれぬ勉強に疲れ、反対側でおこたに足を入れたまま、うとうととする。そんな毎日であった。この御老師は世に出られなかったが、高僧であった。どんな教義も、実に分かり易く教えて下さった。奥義をきわめた師だと敬服した。時々他の僧侶の方に質問しても、私の意にかなった回答が返ってこない。いよいよ教師試験が迫ったので上洛した。私は交通事情に明かるくないまま夜行列車にひとりで乗った。座席は満員で、風呂敷を通路にしいて座るのである。お便所の中まで人がいるほど混雑していた。窓から列車に乗り込む人もいた。殺人的である。

京都駅に着いて、北野天満宮行の昔懐かしいチンチン電車に乗り、北野からまた乗り換えて、仁和寺前で降りた。駅に降りたつと正面に仁和寺の大きい仁王門が見える。勅使門も残っている。

歴史で学んだ宇多法皇が開創され、門跡になられた格式高い門跡寺である。敷地は何とも広大である。どこに行けばよいかわからない。人に尋ねてやっと宗務所の門を入ると、白砂に老松が這って玄関がある。そこはふだん用いない。ずんずん進むと大玄関があり、そばに小玄関がある。当時、その玄関のすぐ前の部屋が宗務所であった。白書院の一部屋に案内された。仁和寺は御所作りの寺院で、紫宸殿の前に右近の橘、左近の桜がある。何しろ迷うほどの建物が次々にあって、順路を間違えると元の場所にいる。黒書院のふすまの絵にはリスが描かれ、有名な画家堂本印象先生の作であった。ふすま一枚一枚が貴重な財宝である。私は借りてきた猫のように、不案内であった。受験する何人かの人が、宿泊していたのか、夜になって初めて一部屋に集まり、出題されそうな問題の勉強をした。何しろ一夜漬け的勉強で自信無し。梵字も十分覚えていない。論文が出たり、老師に学んだ教義は造詣深いものだったから、何とか書けるかも知れないと漠然と思った。当日、どしゃ降りの雨の中を、高下駄と傘を借用した。皆で見送って下さった光景は、なぜか鮮明に甦る。本山も当時は荒れはてていたが家族的雰囲気であった。教師試験は当時、真言宗は合同で東寺で行われた。杉本師が車で案内して下さったのをおぼろに覚えている。

受験理由を聞かれるうちに、涙がにじむ。それでも、一生懸命であった。試験の結果、ペーパーテストで二番、総合四番の好成績であった。正直嬉しかった。これで師僧に報告が出来る。老体をおして、毎日のように教えて下さった御恩は一生忘れまい。奥様も毎日食事の世話をして、陰で励まし続けて下さった。奥様も毎日子は後住の快応師ともう一人の弟子と私だけだった。師は間もなく遷化され、御臨終にいた弟は六十三年の事である。教師資格を得た後、教義を学ぶうちに女の命とも言える黒髪がわずらわしく思えてきた。仏の啓示があってある日黒髪を剃髪した。

得度そして尼僧へ

俗名「美千代」から法名「美妙」に

ジャリジャリと髪を切る音がする。長い黒髪が次々と下に落ちていく。次第に頭が軽くなり、そっと鏡をのぞくと、そこには別人のようなさわやかな尼僧の顔があった。早くこのような姿になれば良かったと心底から思うほどすっきりした。

それは誰から強いられたのでもなく、自らの意志で決断したことである。父は、私の意志に共感し、母は、剃髪した頭を見て涙を浮かべ泣いた。粟屋老師は、よく似合うと私の頭をなでて老師の衣をかけて下さった。これが間もなく形見の品となった。

そして、俗名「美千代」を、法名「美妙」と老師がつけて下さった。

「自らの道は自ら選ぶ」。当然のことが、世間の人には、驚きだったようだ。信者さんは、「よくもそこまで決心されましたね」と涙を浮かべ、それから今までとちがった尊敬の眼で私に接した。人間は姿が変わると心まで変わる気がする。白衣に黒の改良服が外出の服装。黒はきつい色なので紫色の被布を普通の外出によく用いた。

若い尼僧は珍しいらしい。街を歩くと人が一斉に私に目を注ぐ。嫌だと思った。でも目立つ姿なのだろう。正式に住職辞令が出た時はほっとしたが、男僧と尼僧は、やはり差別がある。労《いたわ》りながら、男僧優位の意識はずっと感じ続けた。何もかも同じように、検定で教師資格もとり、四度加行《しどけぎょう》も男僧の方と一緒にしたのに、ここにも男性社会の日本の構図が見える。あるとき朝日新聞で、天台宗で婦人大僧正がお二人出られたことを読んで、喝采を送りたかった。瀬戸内寂聴師も天台宗で由緒ある天台寺の住職に就任された。終戦直後は民主主義は宗教界まで及ばなかったようだ。特殊な世界である。

住職になって大分経った時、橋本正之知事が副知事時代、御母堂を亡くされた。日ごろ県の方にはいろいろお世話になるので、お悔みに伺った。副知事公舎である。読経が終わるまで御夫婦がずっと端座され、読経が終わると丁寧なごあいさつをいただき、すばらしいお人柄の御夫妻だと敬服した。あのころは勇気があった。知事室にもお願いがあるとさっさと入っていった。恐いもの知らずの若き日のことである。

話が変わるが、礼拝加行を終えたころ、「医者にも見離されたこの子を何とか助けて下さい」と必死な面もちで赤ちゃんを連れてこられたことがある。

真言宗は加持祈祷に力を入れている。私もその赤ちゃんをどうしても助けたかった。二十一日間祈祷し続け、御加持の念力か、命拾いされた。泣いてお礼を言われた若いお母さんの姿が今もありありと目に浮かぶ。私もわがことのように嬉しかった。経験ではない。「加」は御仏の力、「持」は祈る者の持っている念力、御加持の計り知れぬおかげの頂けることを学んだ。なんでも一生懸命になれば出来る。出来ない時、成就しない理由をあげつらうけれど、結局は本人の決意の如何ではなかろうか。確かに、機縁はある。機の熟した時、ピタッと呼吸が合えば物事は成ると、私はこの年になるまでに、目に見えない好機に出会い、「成せば成る」を信条とした。

仏の思し召しなのか、運命なのか、尼僧生活は快適であり、わが身を律する良い生活だった。未亡人としてよりも、尼僧の姿でいるだけで、人の尊敬を受けることの不可思議さを感じるものだ。百八十度違った生活が始まった。親しい方が、法院様と呼ぶのでしょうか、庵主様と呼ぶ方がよいのでしょうか、と尼僧寺でない住職の呼称にとまどわれたようだ。美妙様と呼ぶ人もいた。親しい人は美妙さんと言った。

美千代から美妙への変身《へんしん》は、私自信が正直一番とまどったのである。

晴れて本山から住職辞令が出たのはそれから大分たってからである。しかし、まだ真言宗の四度加行をしなければ、本物の僧侶にはなれない。それから教学講習、西の院流の法流と次々と授かった。そして密教学院の第一期生として入学した。四度加行をするためである。若い男僧と同じように、早暁水ごりをとって身体を清め、礼拝加行から始めて、一年間加行をした。一人前になるには大変な覚悟と忍耐がいる。その間を縫って、お茶の稽古に大徳寺町の山本千代先生のもとに通った。

京美人のほっそりした、上品な先生である。ここでも私の都合に合わせて、お裏のお抹茶をマンツーマンで稽古をつけて下さった。私も生きる道を求め生活の糧を考えて真剣であった。茶は相性が良いのか、貴女はしっとりとしたお茶の雰囲気があるとほめて頂き、好きだった。

山本千代先生は、早く御手前を私に教え込もうと、お稽古ごとに先に進まれる。体で覚えない分を私はノートにせっせとメモした。最後の稽古の日、お茶事をして下さった。八寸から懐石まで、その時、むかごがご飯に入れてあった。初めて味わうむかごの味に、「こ

仁和寺茶室にて

れは何ですか」と尋ねた。今日、庭を歩いていて、久々にむかごを手にした。急にあの日の先生の弟子に思いをかけられて、早朝よりご用意下さった懐石も、つましいお茶事であったが、有り難かった。

家に立派なお茶の釜はあるのに……残念な事に今は御手前さえ忘れてしまった。覚えは割に早いのに、忘却とは忘れ去ることとなりを地でいっている。

冬寒く夏はむし暑い京の生活も、当時本山には何人も宗教大学生が寄宿していて、学生に還った気分で賑やかであった。近くに太秦《うずまさ》があり、ロケが再々本山であった。ロケが始まると雑巾を放ってよく見物したものだ。そのころは仁和寺にいる尼僧さんと目立った存在だったようだ。半端が嫌いで、何でも始めると一途になるところがある。その間、寺を留守にして励んだ。

まだ各本山とも整備が十分でなく、終戦の影が残っていたころだ。私の部屋のそばに水引草が雑草の中にまじり、雨のそぼふる中を手折ってきて、お茶花に活けたのを昨日のように思い出す。


宗務長さんの特別なおはからいで、国宝の遼廓亭《りょうかくてい》でお茶の御手前をした記念の写真が残っている。十徳を着ていて、まさしくお茶人の姿である。

祇園祭りを見物したのも、密教学院時代だ。ホコの雄大さと人の波に押されたことだけ覚えている。初夏の夕食後、本山の方々と渡月橋に螢を見にいったことも懐かしい。龍蔵寺と本山を行ったり帰ったりして、無事加行は終わった。教学部長の大寺師。財務部長、宗務部長、特に加行の師である桑田老師の懇切な御指導の数々は今も有り難く思い出す。

当時の御門跡《もんぜき》は岡本慈航猊下《げいか》だった。毎月御影供《みえく》には、学院生もお勤めに出仕させていただいた。門跡らしい清廉潔白な方で、予想以上に厳しかった。洒水の水の量一つにも、散杖《さんじょう》の音が高くひびく。法要が終わるまで出仕者は緊張し切ったものだ。その猊下が私が帰山の際、ごあいさつに伺うと、女竹だろうか、猊下のお部屋のそばに茂っている竹林の竹の皮でお茶の葉をすくう茶杓を手作りされ、梵字を書き入れて、記念に下さった。謹厳な猊下にこんな優しい一面があったのか、と恭しく押し頂いた。

西の院流　法流伝授を授かって

それは総本山仁和寺の法流として、宇多法皇門跡様から脈々と伝えられた西の院流の法流伝授であり、門跡様である阿闍梨《あじゃり》様から一人ずつが直伝を伝授されるものである。年月日はさだかではないけれど二十五年十一月頃のことだったと思う。末寺の住職として、その好機に出会えた幸せを今も鮮明に記憶している。

当日は早朝から木の香の新しいひのきのお風呂に入浴するのだが、丁子《ちょうじ》が湯舟に浮かび、浴槽は何とも高貴なかおりが立ちこめて、全身が清められ、別人になったように心まで澄んでくる。伝授者一同は一列になって、敷きつめた砂利を踏んで静々と金堂に歩を進める。これから、阿闍梨様の前に出て一人ずつ伝授を受ける。まさに緊張の一瞬である。その日尼僧は私一人だった。金堂に上がると、真っ暗闇であった。その暗いお堂の中で燈明が一つほのかにゆらいでいた。式衆の僧侶の低い読経の声が流れていた。私達、伝授を受ける末寺の住職は、別室に案内され、そこもほの暗い。戒師の桑田老師が一人ずつ名前を呼ばれる。阿闍梨様の前で、護身法はきちんと出来るようにと、前以て教えられていた。私は、緊張して指が動くだろうか、護身法は？　と、そのいかめしい雰囲気に完全に呑まれてしまった。

順番に、終わって残る人は次第に少なくなる。胸がドキドキしてきた。それほどまだ初心のころだった。私の名前を呼ばれた。いよいよ西の院流の法流伝授を授かるのである。桑田戒師の介添えで、阿闍梨様の唱えられるお真言と合わせて印を結ぶ。固くなった手の指も、何とかお真言に合わせて動いた。

緊張の一瞬、全身を耳にして私は真剣だったが、岡本阿闍梨様も桑田老師も、さぞかしもどかしい思いをされたと思う。若い尼僧、まだ初心なのだからと、きっとふびんに思われたのではなかろうか。法流伝授を授かった後、一同で記念写真を撮った。今見ると、私のお袈裟《けさ》のすそは下がり、胸にはしっかりと法流伝授の印信を差し入れているが、その写真も四十数年を経て、ぼんやり薄れてしまった。

新住職として

まだ日本全体が混乱期で、弁当持参の旅の時代である。帰るとまた、お寺の法務、田畑作りと忙しい明け暮れだ。そのころ、進駐軍の階級の上の人たちは、よく社寺仏閣を見て回った。

ある夏の昼下がり、通訳が当寺にアメリカ兵を連れて見学に来た。ぜひ国宝の大日如来像を拝観したいとのことである。私が一足遅れて観音堂にいってみると、何とアメリカさんは靴のままお堂に上がっている。私はカッとなり、「降りて下さい」と怒鳴った。「日本のお寺は靴をはいたまま上がる所ではありません」。あまりに私の語調が烈しかったので、通訳の人がアメリカさんを納得させ、神妙に靴を脱いで、私の説明を聞かれ、和やかに帰られた。進駐軍の人の顔は仏像を見に来る人だけあって、インテリらしい気品があり、意外に幼さの残っている顔だった。

二、三日して、県立山口高女に通っていた妹は、帰るなり、「ネーお姉さん、今日学校で先生が今どき珍しい勇気のある人に出会って痛快だった」と、観音堂で私が厳しい語調で靴を脱がせた話をされたそうな。「お姉さんのことでしょう」という。「そうよ」と答えたが、ある寺院の住職さんが後に私の話を聞かれて、それは事によったら、バッサリやられたかも知れないほど危険な行為、よくまあ貴女は無事でしたネ、とびっくり仰天された。怖いもの知らずの正義感が時に頭をもたげるのだ。仏様や寺の尊厳をふみにじる行為が許せなかったが、先方さんは日本の風習を教える人がないから知らないだけ。ただ敗戦日本の卑屈さに私は心の中で我慢ならないものがあった。自分の心までまげて迎合したくない。農地改革の件ではこのまま○○党に任せたら、実測八町ある寺の山も失う。決して同じ轍は踏むまい、と私の中で○○党嫌いが根を下ろした。国民全体の納得の上での農地改革ではなかった、と今になっても当時の行政への批判が残る。民主主義が錦の御旗のようにあがめられたのも、終戦後のことである。主権在民は分かるけれど、急ぎ過ぎて失速した傾向もあったのではなかったか。民主主義を御都合主義に解釈する向きもある。

尼僧生活は誠にさわやかである。当時、寺は文化人のサロンのようであった。滝のある風光明媚な寺。珍しい若い尼僧さんがいるというのが評判だったのだろうか。俳句の会の句会で生まれて初めて一句ものした。〝五月陽に若葉もとけて滝の水〟。季も何のその。投票の結果、最高点を頂いて、もらった方が恐縮したり、赤面したり、七面鳥になった。短歌の会には、伊藤理基さん、林進さん、新田義夫さん、和田健さん、小郡の仏師田坂白雲師ら、仲間を連れてよくこられた。

尼僧の寺には男性の信者が多く、男性の住職には女性の信者がどこも多い傾向になるような気がする。当時は尼寺ではない。私自身は仏様は中性、私も中性と思うことにしていた。自分では気づかぬうちに、若い身で法城を護るという責任感できおいたっていた気がする。

ある時ひょっこり、小学校から女学校と一緒だった友が訪ねてきた。お寺を案内したり、おしゃべりをするうちに「私疲れたから休ませて」と横になり、すやすやと眠ってしまった。後年また訪ねてきて、貴女随分落ち着いてゆとりが出たわね、以前来た時とまるで違うと指摘されて、虚をつかれた思いをした。

第三章

一粒の種から

戦災孤児との出逢い

昭和二十二年の夏ごろではなかったろうか、まだ京都の駅前に食堂が一軒もないころである。私は本山に何度か研修に出席するため通ったが、その帰り、本山で作っていただいたお弁当を待合室で食べていた時、そこへどこから来たのか、小学校低学年くらいの男の子たちがドヤドヤとやって来た。おばちゃん頂戴頂戴と手を出し、お弁当が食べられない。見ればどの子もあどけない顔、顔である。しかし、どこかが違う。よくみると胸に〇〇園と施設の名札が縫い付けてあった。外の人たちへも同じように、頂戴頂戴と手を出して、食べものをねだっていた。そのとき私は弁当を食べ終えたかどうか、覚えていない。ちょうど持ち合わせていた煎豆を出して「いらっしゃい」と子供たちを呼び集め、一人一人に煎豆を渡した。そこで「ネーあなた方は大人になっても頂戴頂戴と乞食を続けるつもり?」と言ったら、「イヤ」と口々に、はっきり答えてくれた。「いい子ね、それではおばちゃんと約束して頂戴。これから園に帰ること、二度と乞食生活をしないこと。おばちゃんと文通しましょう」と言った。私もこまめなことに十人くらいの子、一人一人に私の住所を書いて渡した。

この子たちも戦争犠牲者なのだ。親御さん方はどんな思いで亡くなったのだろう。この戦争の犠牲者は戦場だけではない。いたいけな子たちにまで及んでいる。いたましい。これからの長い人生を孤児として生きることのけわしさを思うと、私は心の中で泣いた。あどけない子を守ってやりたい。わが子を失った私の胸のうちに、わが子にかけた望みをこの子の一人でもよい、育てることで夢を果たしたい。すぐにでも連れて帰りたい思いが胸の底からつきあげた。帰山して京都駅の話を折りにふれ父母に話した。しかし、本気にしない。母は知人に「この子は悪童を集めて育てたいと申しますがどうでしょうか」と、人が来られるたびに話していた。どの方も異口同音に「それは良いことですが、若い身空で、それも女の身で、それはむずかしいことですね」と答えられる。母はこの子は言い出したら聞かない子だから、周囲の声で止めるしかない、と思ったのだろう。反対されるとかえって意地でもやって見せる、というところもあって、この件に関しては、日ごとに心はつのるばかりであった。

京都の例の子たちから葉書がきた。「おばちゃん、お元気ですか」から始まって、一通二通と続けてよこす子もいた。滝のある寺と書いて返事したら、「僕行きたい」と便りに書いてある。また私の心の中で火に油をそそいだ。私はお参りされる方に私の気持ちを話し始めた。滝山一帯を買って山持ちになった中野さんという方が、私の話を聞かれて私が県の方に交渉してみます、と張り切ってどんどん話を進めて下さった。

里親登録

その頃、児童相談所の福祉司さんや県社会福祉協議会の方もこられ、寺や庫裡、つまり里親の住居を見にこられた。私が気に入っていたのは、近代的なお風呂場とお便所で、タイル張りだった。手洗鉢《ちょうずばち》は大岩をくり抜いた円型で、水は竹の樋《とい》をつたって流れていた。風雅である。庫裡には門があり、その戸は竹のしおり戸風だった。お庭には大きい池があり、池には石橋がかかり、池の中央は何を形どったか、こんもりした一見島があった。鯉が泳ぎ、義理の父上は若い独身時代、「わしは毎日鯉と話をしていた」と話されたことがある。裏山には傾斜を利用して、つつじが点々と植えこまれ、岩肌もこけむして、古寺の情趣がただよっている。長い長い廊下から眺める庭は私のこよなく好きな風景であった。その頃は廊下は板張りでピカピカに磨かれ、本堂の内陣も外陣もつやが出て、顔がうつるほどだった。

里子の住まいは庫裡《くり》である。台所は板張で置所《おくど》（かまどのこと）も座って薪で御飯をたく。囲炉裏《いろり》が真ん中にあって、いつも大きい鉄びんがかけてあった。昔ながらの古い住居である。

水道は自家手製の水道で、山の中腹の地下水を、竹の樋で水槽にためて、蛇口をひねると水が出る。寒中は凍って、水には苦労した。山は岩盤で井戸が掘れないのである。

昔の家はのきが低く、日あたりの良いのは二階だけである。一階は掘炬燵《ほりごたつ》のある部屋が外に面し、特に冬の夜はこの部屋に集まる。古風な庫裡を見られ「環境は申し分ないが、日当たりが十分ではないですね」と、一人の方がぽつりといわれた。けれど巷に溢れた子供を誰かが育てなければならない。この方たちは里親候補者の生活を調べられたのだ、と思った。そして、児童福祉審議会で里親として認められた。

願いが叶ったのだ。念じ続けた甲斐があった。口には出さなかったが、心の中でただみ仏の思し召しにそって、私なりの子育てを一生懸命やってみよう、と心ははずんでいた。

里親になって

昭和二十四年に里親登録され、忘れもしない同年六月二十八日、待望の里子第一号の三人の姉妹が入所してきた。

その前日は田植えだった。慣れぬ田植えも助け合いである。夕刻になると腰は痛い。でも明日は子供が来る。その晩は嬉しくて、目が冴えて眠れなかった。いよいよ当日、朝からそわそわして落ち着かない。三人姉妹は山口の旧家の大佐の嬢ちゃんたちだった。

家庭事情で不遇な毎日を過ごしていたようだ。長女はM子、中学三年、次女はS子、中学二年、三女H子は小学二年だった。長女は鴻南中学一期生である。頭の良い姉妹で、毎日が楽しかったが、にわかお母さまは三人に振り回された。思春期の一番むずかしい時期である。寝食を共にするとは、あの当時の私の生活を言うのであろう。食事、勉強、畑作業、小木拾い、入浴も一緒だった。

そのころ中学校の先生で、この子たちをたいへん可愛がって下さる人があった。突然こられて一緒に遊び相手になって下さった。夜になり「僕は稲荷堂に泊まります」と瀧塔山中腹にある、狐でも出そうなお堂に泊まられるという。それはなんでも気の毒と本堂に布団を敷いた。早朝、彼女たちは寝ている先生を起こそうとわざとバタバタと障子にはたきをかけたり、はては鼻をつまんだりして起こすのが面白く、大騒ぎである。若さに溢れる子供に囲まれる生活の楽しさを味わったのもこのころだ。

この子達のお父さんは当時、朝鮮戦争に参戦されていたらしい。実のお父さんの子なのに、三人の子は私のそばにまつわりついて離れない。「米国では子供の躾にむちを使い、小さい時にしっかり躾をします」と私の甘さを暗に指摘されていたようだ。戦争とは人間性を変えるのだろうかとそのときふっと思った。そのお父さんとは二度とお会いすることもなく、後に戦死されたと聞いた。三人姉妹の長女のM子は昭和六十三年現在五十五歳になり、一人息子は一流大学卒、大会社に就職したという。私の教育の何かが参考になったとしたら嬉しい限り。現国重賢亮・平川園長を当時賢亮お兄様と呼ぶ年齢差であった。四十年前の創立当時の物語である。それから次々と入所してきて、あっという間に十数人になった。ある姉弟は両親を失って、お位牌から遺骨まで、そして家財道具全部を持ってきた例もあった。お位牌、遺骨の処置はお寺だからよいものの、一般里親さんだったら、困られたことだろう。二人共愛情飢餓で、特に弟には手をやいた。そのころもささやかながお餅搗きをした。積雪の日である。その弟は何個何個と縦横数を数えて並べてある搗きたての餅を十個以上まびいて、便所の中で食べたそうだ。食べ盛りの子にとって、こらえきれない魅力だったのだろう。当分、他の子の非難を受けていた。つるし柿をまびくのもこの子が多かったようだ。

また新しい入所児を迎えに行った、そのころは中央児童相談所が竜王町から八坂神社境内に移転していた。男の子と二人、バスに乗り吉敷支所前停留所で降り、日暮れ時わが家まで徒歩である。半里はあるだろう。長い道をゆっくり歩いていると夕闇が迫る。少し歩いていると、その男の子は小郡はどっちの方と聞く。あっちと小郡の方向を指さす。また少し歩いていると、私の背中からお尻の方をさするのだ。そして、小郡はどっちの方というう。同じようにあっちの方向よ、その繰り返しである。家はまだ？　とだんだん山の方に向かうので不安だったのだろう。もうすぐよと、答えるうちに寺に着いた。さあ、今日からあなたの家よ、と言ううちに、「お帰り」とわっと十人余りの里子たちが迎えに出た。風呂に入れ、夕食も済み、炉のある昔風の庫裡で例のごとく、一日の話を口々にしゃべって、楽しい団欒《だんらん》である。「お母さま」「お母さま」とどの子も自分を誇示しての話である。

翌早朝、入所した男の子の姿がない。どこに行ったのだろう。探したがいない。支所まで行って中央児童相談所に電話すると、相談所に帰っているとの返事。何がなんだか狐につままれた思いであった。児相の先生の話では、あんなにたくさんの実の子のいるうちに、自分一人他人が入れない、ともらしたそうだ。聞いてびっくり。実子を十数人も三十代の若さ、それも尼僧が産めるわけないのにと大笑いしたが、実子、兄弟と見てくれたのは嬉しいことだ。当人が帰って、「あんたどうしてお寺に来る時、私の背中やお尻の方までなぜたの?」と聞いたら、もしかして狐にだまされて山に連れていかれるかと思って、不安だった。それで小郡はどっちと聞いたのだそうな。今もあの夕暮れ時の問答が忘れられない。無垢な子の心の中まで考え得なかった。新米里親時代の笑えない物語である。

聾啞児入所

三人姉妹の次に入所したのは、聾啞児である。年齢不詳。小学低学年と思える。何しろ初めての経験で、会話をどうしたらよいか困却《こんきゃく》。全国を浮浪していた様子で、字も書けないようだ。ただ救いは、施設にいたのか、日常の生活の躾はできていた。例の夕食の後の団欒は、この子を中心に話題が集中するが、肝心な意思の疎通ができない。「年は幾つ」を、どう形で示せばよいか、頭をかかえた。誰が一番好き、と手真似で尋ねてみた。答えは帽子をかぶった駐在所のおまわりさんだった。その一言を引き出すのに、全力をあげて知恵をしぼり、身振り手振りでやっと通じたのだ。当時、吉敷の駐在所のおまわりさんは、子ども好きであった。よほど優しくしてもらったのだろう。約一年在園しただろうか、手話もない時代、T男は名前を呼んでも聞こえないので、ポンポンと肩をつついて対面し、身振りで会話をした。皆に優しくしてもらい、食べるものは十分ではなかったが、少年時代わずか一年のかかわりだった。それが昭和五十三年四月八日のこと、私の家の玄関のドアがドンドンドン、それも何者が来たかと思うほど、怖い激しい音がする。「どなたですか」と尋ねても、応答無し。怖くなって園の職員を電話で呼び、男の職員が飛んで来てくれた。私も出て見るとT男のおもかげが残っている。ポケットから身分証明書のようなものを出して見せた。見れば思いがけなく確かにT男である。四十年近くの歳月が経過しているのに訪ねて来たようだ。そして、何か大きい包みを持って、私にくれると言うのか、しきりに私に手渡す。中を開けて見た。包みの中は当時いた人数分くらいの食料品。それも切干し大根とか油揚げとか、当時のつましい食料品ばかり。それを見て私は胸がじんとして、涙が出そうになった。長い歳月の間にあの貧しい時代のたった一年間のことを、しっかり覚えていたのだ。「ありがとう」と言っても聞こえない。じっと顔を見入った。T男の顔は苦労を物語る顔であった。労働にあけくれる節くれだった手から察するに、やはり幸薄い人生を歩んでいるのだろう。

小郡に来たので立ち寄ったことだけ知った。

里親から施設へ

小児マヒにかかって

ある冬の日の夕方、子供たちと焚き火をして遊んでいた。ふと、男の子の一人が、前に歩かないで蟹歩きをしている。○○君、何ふざけているの？　と聞いた。その子はエーッといった顔をしている。前に真っ直に歩いてごらん。その子はやっぱり蟹歩きをする。おかしい。どうしたのだろう。医学知識にうとい私も、変だと直感した。翌日日赤で診察してもらった。そのとき、脊髄から血をぬかれ、検査の結果、小児マヒの症状がある。即入院となった。発見が早く、おかげで回復し、退院した。お母さんに連絡したり、一時はどうなることかと大変心配した。が、「よかったね」と、子供と共に心からほっとした。

裸ん坊

入所する子のケースは千差万別、男の子が兄弟で入所した。防府《ほうふ》広政鉄工所の社長さんが、当時民生委員で連れてこられた。私はいつものように、お菓子とお抹茶を差し上げた。社長さんは「粗茶を下さい。粗茶を」とおっしゃった。

社長さんの若い日のことである。後年、防府の確か「愛光園」の開園式で何十年振りかでお会いした。会長代理で私が祝辞を述べた。社長さんは成功され、大会社に拡張され、堂々とした貫禄である。今日は久し振りに懐かしい人に会ったと、市長さんたちに大きい声で繰り返しおっしゃっている。本当に久し振りの邂逅《かいこう》である。社長さんに連れてこられた子供は、裸ん坊の生活だったようだ。お風呂に入れるのに、大騒ぎ。熱い熱いの連発。ぬるま湯から少しずつならせば良いのに、あのころは養護も下手で、今思うと恥ずかしい。入所した子は頭の良い子であった。

不遇な子の悲話

毎晩私たちの仕事は夜半まで衣類の補修である。山と積んだつくろいものを、裸電球の下で世間話をしながら、破れた箇所をつづる。子供たちも時どき仲間に入る。そんなときは、入所前の悲しかった生活を話し、聞く者ももらい泣きしたものだ。深夜、空いたバスに兄弟が肩を寄せあって夜を明かした話。どんなにつらかったことだろう。「もう大丈夫よ、これからは安心して一緒に暮らそうね」と、涙をぬぐいながら話した日もあった。

男のお母さま

尼僧姿は幼い子には、どうも女と見えないらしい。誰かが「男のお母さま」と名づけた。そう、そのころは厳母であった。間違った行為、例えば万引でもしたら、連帯責任として子供たちに手をあげた。いざという時の私の怖さを心の底から知っていた。正邪だけは、きっちり教えたかったのだ。当時いた子は根性がある。私の教えたひたむきで誠実な人間像を継承してくれていると思えてならない。

木飯米

木小屋にまきや小木が一杯あるのは、裕富な家。空っぽだったら、貧乏家と思われるのよと、子供たちに話した。翌日から僕たち小木取りに行く、とお弁当持参で、一日競争して小木取りをしたものだ。そのころは自給自足が当然の社会情勢だった。就職した子の口から、労働していたから、誰にも負けないと誇らしく報告していた。確かに辛抱強さが身についていた、とあの時代の良さを思う。

いたずら

二十年代、三十年代は苦しい生活だった。龍蔵寺の守護神は黒へびといわれている。一時はその信仰が流行して、多くの信者さんがお参りされていた。へび塚が瀧塔山中腹にあり、生卵をせっせとお供えされていたようだ。子供は小木取りにいって、お供物の鶏卵を見つけ、せっせと持って帰る。ある日聞くともなく耳に入ったのは、「へびさまが召し上がって下さり、ありがたいことであります」と感謝されていたのだ。あれは子どもたちのしわざですとも言えず、困ってしまった。

かもいの金具とり

本堂にあるかもいの金具は、いつの間にか全部なくなり、かもいはもっぱら懸垂の場になっていた。雨の日も遊ぶ方法に事欠かない。子供とは、不思議に遊びの天才だ。

あの金具をお金に代える方法を知っていた子のしわざだ。それにしても、その子はたくましく、一人でも生きてゆくだろう。

世間知らずの私は、ただ感心し、嘆息をしたものだ。

山での炊飯

ほんとに私はうとい、とつくづく思い知らされたのは、毎日私は食事作りをしているのに、男の子がお米を持ち出して、山で金物の洗面器で御飯を炊いて食べていたという。そのことを知ったのは、随分あとのことである。何年か後、「お母さま、知らなかったの」と笑われてしまった。それにしても、火事を出さなくて良かった。子供の生きる知恵に恐れ入るばかりだ。

ターザンになって

山の中は子どもたちの最高の遊び場だった。当時映画に出ていたターザンよろしく、つたを握って木から木へとび渡る。ハラハラして見ているのに、人の心も知らぬげに得意である。こんな面白い遊びをするために、手早く小木取りをしてノルマを果たすのだろう。

つづみの滝の岩登り

園の山口高校生のY君は、登山部に入部した。夜具はもっぱら登山用寝袋を使用した。日曜日、私は見ていないが、滝の岩場を登山用具を用いて登り切ったという。他の子どもには驚異だったようで、早速私に報告があった。薪を十五束一度に運ぶのも、この子の訓練の成果であり、得意の技であった。

北海道大学に挑戦したが不合格。代わりに自衛隊に一番の成績で入隊。北海道の連隊に転勤した。大きい鮭を土産に、懐かしそうに帰省した。

みかんを取る

お寺に小みかんの大木があった。味が甘く、おやつのない時代のこと、貴重なおやつだった。ちゃっかりと、みんなの目を盗んで早々ともぐ子がいる。「さあ、仕事を始めるよ」と私が言うと、一斉に集まる。おかしい。みかんの香がただよう。皆手を出して、と一人一人の手をかぐ。犯人が何人かいる。みかんをもいだネ。いずれ皆さんに食べさせるために、熟すのを待っているのよ、と言うが、とっかえひっかえ、実にすばしっこく木の上に登っては口に入れるのには閉口した。みかんは上の枝にだけ残った。

農家の柿もぎ、芋掘り

学校の下校時、ちょうど道のそばに富有柿がなっている。子供たちは群集心理でもいで食べる。芋のとれるころは、芋を掘る。野荒しは罪が重い、と夜のお勤めのあとの反省会で話して聞かせるが、「○○君はねー」と告げ口をする。善行をした人のことを言いましょう、とその方に水を向ける。そして、そのときほめられた子の得意そうな顔、顔。ほめて育てることは大切だ。

すいとん

当時児童福祉の最低基準には、食器は木灰《きばい》で洗えと書いてあった。今のように洗剤のない時代である。毎晩風呂を焚くので、木灰を保存して食器を洗った。衣類は固型石けんを用いたか、どうも記憶がうすい。韓国の人がよくたたいて洗濯する。その方法や、洗濯板でゴシゴシとこすって洗ったり、踏んだり、石けんが少なくて、銀杏の実の汁を用いたことを思い出す。お茶碗は川上なので、本堂のそばの小川で、早朝の洗面も冷たい水で洗った。流れ水はゆすぎが早いので、本堂の前のちしゃの木の橋を渡った所の川でせっせと洗った。女の子も大きい子は、よく手伝い、職員と一緒に洗濯や炊事をした。私は里親時代から食事の世話を一手に引き受けて、無い知恵をしぼって、あれこれと工夫した。そのころの主食は一人ずつ盛り切りご飯なので、計量器で計って正確を期した。

お魚や野菜がたっぷりあるお皿を、一足先にきて自分の席にもっていく、ちゃっかりさんは誰だったのか、今は思い出せない。愛児園で一番好評だったのが、すいとん（だんご汁）である。愛児園名物のすいとんが食べたいと、帰省した子がよく言ったものだ。すいとんの中には切り出し肉を入れて、安く美味にした。食べる物の乏しい時代、おやつもなくひもじかったと思う。学校帰り子供たちは、道端のスイバをかみ、ツバナの出るころは、それをせっせと採って持ち帰り食べていた。

瀧塔山には椎の大木があって、当時は大歳辺からも家族連れで大きい袋を持って来て一升二升と拾って帰られた。園の子も各自袋を持っていて、採った椎の実は夜寝る時も枕もとに置いて、決して誰にもやらず、もっぱら私有物としてお腹がすくと食べ、朝起きると食べる。秋は山奥に入ってアケビの熟したのを四つも五つも採ってくる。珍しいので一つ頂戴と私がねだったものだ。パッと二つに割ると、内側は白く、黒い種がたくさんあるが、すするとえもいえない甘味がある。惜しみながら「一つだけね」と、よくくれた。境内に枇杷《びわ》の木や杏《あんず》の木があったが、私の口には入らない。いつの間にか子供が食べている。山桃の大木が山にあって、田植えのころに熟す。山桃が熟《う》れるころよと言うと、われ先に走って採っていた。

柿の木も多かった。富有、殿様柿、どれも高い木なので子供に頼む。渋柿は大木で、総出でせっせと干柿にした。大きい竹ザルに何杯もあって、夜なべ仕事である。干した柿は食べごろになる前に大方子供が間引く。栗は、子供があるところをよく知っていて、リスに食べられないうちにと拾いにいった。ゆでてもらい満足していた。

山家育ちの当時の子の楽しみは、早く帰って自由な時間がほしかったようだ。野苺もいち早く見つけた子が食べていた。結構種類があって、暇をみつけて探し歩き、よく場所を知っていた。あのころの子供は生きる知恵は私より豊富であった。今は飽食の故か、見向きもしないで、コマーシャルのお菓子を保母さんと相談しては購入している。しかし、当時は食事の量は乏しくて、朝はおかゆなので、登校途中、弁当を小屋の陰で半分食べたり、全部食べて昼食時には滝のお地蔵様のように、冬の日は日だまりで、園の子がずらり並んでいたのだ。誰かが滝のお地蔵様と名づけた。

その当時中学校の運動会におまんじゅうを作って、売りに行った。騎馬戦があった。見ると園の男の子の裸は肋骨《あばらぼね》が出ていた。私はそれを見て胸をつかれた。食糧不足の悲しい現実。

鍋に入れる物に頭を悩ます毎日だった。あの貧しい食事でも栄養失調にもならず、よくやったと思う反面、子供には気の毒な時代だったと思う。

その子たちが、四十歳、五十歳になってそれぞれ一家をかまえ、園に寄付してくれる者もいる。あの労働は無にはならなかったのだろう。必ず我が子を連れて訪ねてくれるのも嬉しい。

たくましく、雑草のように育つことは、意外にその子のために、どんな苦難も乗り切る力が与えられるように思う。飽食の時代に育った子の将来は不安である。

実りの秋も近い。私もあのアケビが今一度食べたいと郷愁にも似て懐かしく思い出す。今はものぐさな子が多い。誰か探してくれるだろうか。砂防壁は山道をふさいだ。リスも今はまったく姿を見せなくなった。

昭和四十八年、オイルショックの時、職員があわてた。「大丈夫、私はあの苦しい時代を乗り越えたから、どん底生活もやれますよ」と言うと、国重副園長が、園長の献立は精進料理になるからと笑ったが、今も毎月一日は、おかゆと梅干・たくわんと決めて、創立時を教えているが、飽食の子は珍しがって好評である。

お掃除は掃除機、洗濯は洗濯機、食器の消毒は保管庫、鉛筆も持っていれば機械が削る。そのうち手先は退化、頭も退化、だるまさんにならなければよいが、と不安に思うのは、思いすごしだろうか？

童心にかえって

鬼ごっこ

悪い行為をしたときは、厳しい私も、子供と暇を見つけてよく遊んだ。鬼ごっこ、かくれんぼは面白かった。時にはコモを頭からかぶってかくれるのだ。童心に返って本気になる。今思えば、私が遊ばせてもらった気がする。

おひるね

暖房は炭か焚き火。冷房は滝の天然冷房で、早く良い場所をとった者が勝ち。夏は働くからなおさら休息が必要。ひるねは必ずさせた。

枕を並べて、おしゃべりを聞くのも楽しいひとときであった。

つな引き

毎夕必ずするのは、子供を二分してするつな引きである。心を合わせることの大切さを覚えさせたかった。審判は私。力の均衡を揃えるのには一苦労。職員も入ったり、応援したり大わらわである。

長いつなを買った効果は大きかった。その当時いた子は覚えているだろうか。

ボランティア第一号

開園早々から園には多くの人が訪ねて下さった。山大生の水上さん。その友人の方々が今でいうボランティアの第一号ではなかろうか。子供たちのよき遊び相手であった。卒業され豊浦郡の学校へ赴任された。永い間、年賀状が来ていたが……。あるときふと小学生の県内の作文集を見て驚いた。教育界の偉い方になっていらっしゃるのだ。懐かしい人の名前を見て、当時を久しぶりに思い出した。どうぞお元気で。

カトリックの尼僧さん

どういういきさつからか、スペインの尼僧さんが子供に英語を教えに通って下さった。私に「アナタモ　コドモト　イッショニ　シナイト　ダメデスヨ」と、いわれたものだ。大雪の中を足を運ばれ、楽しい学習をと英語のうたから教えられた。私の記憶力では子供についていけない。さすが子供の進歩は早かった。残念なことに尼僧さんは大分通われたが、母国に転任帰国された。

ぼやを出す

昭和二十年代も終わりころ、冬は夜尿をする子にはこたつを用いた。朝方四時ごろだった。私はお手洗に立って外廊下を歩き、一番奥の私室に戻ったが、何か変な臭いがする。変だ。子供の部屋に入ると部屋中もうもうたる煙。「起きなさい、火事よ」。見れば毛布がこたつの中につっこまれていて、布団に移り燃えている。さあ、それから夢中で私は、自家用の水道の水をありとあらゆる小さなやかんにまで入れて運ばせた。布団とたたみの半

夜、子ども達といっしょに反省会

分近くはすでに燃えていた。外に放り出した。夜が明けて見れば何とそばの池の水は満水。動転して池の水のことは頭の中に無かった。
　起こされ、水を運んだ子たちのぼやき。お母さまはあわて者じゃネー。そばに水があるのに、あの小さいやかんにまで水を入れて、早く早くとせきたててと大笑いするのだ。慌て者の園長と、朝までなんにも知らずぐっすり眠っていた指導員もいたとは。笑いごとではない。火事にならなくてよかった、よかった。

初めてのキャンプ

それは今思い出すと、夜逃げと間違え

られる格好であった。なべに釜、食品、テント、食糧を持って、バスの人はなんと思ったことだろう。引率者は当時の国重賢亮先生と国重八重先生だった。数人の男の子が参加した。キャンプ場に行ってみると、せっせとあさり貝のむき身を作っている。海水浴もしたのだろうが、貧しい食事の足しにするための内職をしているのだ。それから当分、あさりのむき身は良いたんぱく源になった。つましいキャンプである。

以後、毎年少しずつテントを買い、参加も多くなって本格的な楽しいキャンプのスケジュールをこなすようになった。毎年夏のキャンプは今も脈々と続いている。

第四章

母子草

母子草

両親を失い　心弱き子よ
強くなれかし　男の子よ君は

みかん食べる　子の無心さは幼くて
高校志望に　まだ心遠き子

親の死を　無造作に　語る子の
顔幼くて　ラジコンほしいと軽々と言う

思いがけないプレゼント

本児は一歳三カ月で入所した。小柄でポチャポチャとした男の子であった。それが二歳になっても、三歳になっても、四歳、五歳になっても一語も発しない。時に本児のお父さんが面会に来て、「この子は一生もの言わずでありましょうか?」と尋ねられ、「いいえ、きっとそのうちものが言えますよ。今は頭の中に言葉をためているのでしょう」と、私も自信はないが慰めようもなく語ったものだ。それが不思議なことに、小学校に上がる前に突然せきを切ったようにしゃべり出した。私達はあっけにとられてしまった。こんな例もあるのだ。小さいころから小柄で可愛い子なので、皆でよく可愛がっていた。

二人ほど耳は聞こえるが、喃語《なんご》ぐらいしか言えない幼児がいた。一人は自閉症的であるが、少しずつ落ち着いて多動癖が少なくなりつつある。親御さんに「大丈夫口がきけるようになりますよ、気長にやりましょう」と、慰めたり励ましたりしている。もちろん専門家の治療にも通わせている。一人の男の子は、「ありがとう」の気持ちを深々と頭をさげて体で意思表示をする。何かもったいないしぐさのようで恐縮してしまうのである。

無断外出

今年で満三十九年、七百名近い子供を預かって育ててみると、なんと千差万別、一人として同じ子はいない。なかでも全国を渡り歩いた浮浪児の扱いには手をやいた。二十年代はしらみを持って入る子がいるので、まず衣類を全部ぬがせ、お風呂に入れ、全身をゴシゴシと洗う。そのあとお風呂の中に衣類を入れて煮沸する。体じらみのかゆさを知ったのも、この子たちからだった。

ある男の子が入所した時、「この子は母性愛に飢えていますから、あなたでないと出来ません、お願いします」と特に念を入れて頼まれた。可愛い顔をして、お母さま、お母さまとなついてくれた。が、ある日、学校の帰途無断外出したらしい。帰って来ない。さあ大変と、指導員はそれが専門のように、人に年齢や服装を言って尋ね回った。何日かして所在が分かり帰ってきた。「どうしたの」と聞くと、強度の近眼で教科書の字が見えないという。すぐ眼鏡を買い与えた。また、ふらりといなくなる。一度、浮浪の味をしめると、一所におれないくせが出るようだ。

とうとう、情島のあけぼの寮に措置変更された。ここは孤島で一人では出られない。後で聞いた話だが、「お母さまのところに帰りたいなー。でも、帰ると出してもらえないからねー」と。「あなたのところで、母の愛を知っただけでも幸せでした」と当時の中所福祉司さんの言葉に、手放した寂しさと、これで良かったのだろうか、と自問したことだった。忘れがたい子の一人である。

いたずら

昭和三十年代に入所した男の子は三歳だった。可愛いさかりなのだが、毎日のように、上のお兄ちゃんたちの大切にしているものをお便所の中に捨てていた。帰って見ると無い。泣きべそをかいて保母さんに言う。それが次から次と毎日のことなので、とうとう犯人が分かった。「お兄ちゃんたちにとって、大事なものよ。もうしないのよ」と、何度繰り返しても駄目。この子を見ていて思ったのは、叱られてもよい、自分の方に気を引きたかったのだと、深刻な愛情飢餓を感じた。これは当分時間がかかる。「可愛がって下さいね。それより治療法はないと思います」と言ったが、在園中本当に手をやいた。

零歳からすでに人格形成は始まる。三歳では遅過ぎる。それからは、せめて一歳児から入所させて下さいと児童相談所に頼んだことである。

精神里親

愛児園独自の里親制度である。両親を亡くした子。亡くしたと同様な子のために、精神的支えになって下さい、という制度である。

有り難いことに代々の知事さん宅に里子にいった。年末のお餅搗きなどでご一緒したりして、奥様と親しくなる機会もあった。

古い話は、どの知事さんにどの子だったか忘れてしまったが、平井知事さん宅に今いる子が精神里子にいった。ソロプチミストのお仲間だったこともあって、あのご多忙なお宅で何度か泊まった。「私、買い物などに、よく連れて行くのですよ」と、奥様が話された。今も欠かさず愛児園のクリスマスにいらっしゃるのは、その子が心待ちにしているからだ、と思う。まだ幼かった子も、今は中学生になった。長いその子との縁《えにし》である。「誇りを持って高校に進みなさいよ」と、そっとこの子を励ましている。

また別な例として、第四回全国婦人会議で御一緒だった今井清子さんが山口婦人少年室長として、山口に赴任された。

私を覚えておられ、探されて友人として親しくなった。知人もないのでよく二人でおしゃべりしたり、お茶を飲んだりした。

それから婦人会議に出席した者同士で会を持った。そのお仲間に山根百世さんもおられた。

今はちぎり絵の大家である。

親交を温めているうちに精神里親の話が出て、私もお正月にぜひお子さんを預かりたいと申し出られ、お預けした。その今井さんの手紙を拝借して記してみたい。

二人の子帰りし部屋の寒々と　ストーブたけど温まらざりし

子の去りし部屋の落書き消しかねつ　笑顔・泣顔よみがえりきて

去りし子の壁に残しし書き初めは「希望」という字が太く書かれし

よいお年をお迎えの事と存じます。

この度はご縁があって、貴園の子供さんを預からせて頂き有り難うございました。M子ちゃんもK子ちゃんも、無事お返しできた安心と寂しさの入り交った気持ちがしております。また、案ずるより産むが易かったとも思いますが、若い頃、高島厳先生の双葉園でお手伝いした事が役に立ったのでしょうか。

M子ちゃんだけでなく、K子ちゃんも共に預かったのが良かったと思います。私にとっては、初めての経験でしたが、二人のお陰で楽しい年末年始を過ごすことができました。二人の子供にとっては、どうだったろうか……と気になっておりますが、今後も、引き続き預からせて頂きたいと思います。

御礼旁々お願いまで。

今井清子

高知に転勤される時、二人の子供と共に小郡駅まで見送りにいった。見送る方も、見送られる今井さんも涙の別れだった。

ある日、ひょっこり高知から遊びにこられ、私宅に泊まられ二人の子と再会された。二人の子は、犬がじゃれつくように今井さんとふざけて笑いころげている。今井さんは子供の扱いがうまい。親の愛情を充分受け得なかったこの子達には、幼児返りが必要なのだとつくづく思った。年賀状の交換も長い間続けたが、北は青森から徐々に上られ、東京勤務の時もあった。山口在住の時、私がインド、ネパールに旅立ちの時は、ささやかな宴を開いて下さって、帰った時は開口一番、「貴女よく一人で帰られましたね。貴女の事だから何人ものインドかネパールの子を連れて帰られるだろうと思っていました」と真顔でおっしゃった。私も心の中では、ふびんな子の姿を見るにしのびなかった。叶わぬ事なのでそれはしなかったが、異国の子の姿がいつまでも脳裏に残り、講演のたびにその光景を話したものだ。親しい友、そして良い里親さんだった。波長の合う友と別れて、もう三十年近く経つだろうか。

子どもと共に（右手、愛児の塔）

命が助かった

それは日曜日のことであった。目的をもって遠くへ、その日は幾つかのグループに分かれて、それぞれ出掛けた。居残りの幼児が四、五人いた。私は事務室で留守番をしていた。家に帰って昼食をしようと箸を持ったとたん、年輩の保母さんが息せききって坂を上がってこられ、「幼児が五メートルの高い所から下のコンクリートに落ち、泣き声を出しません。心配ですがどうしましょうか」と言われた。私はとっさに「私が車で救急病院に連れていきましょう」と早速車を出した。子供は車中でぐったりしている。しかし、私はまだ十分事態がのみこめていなかった。当日の救急病院は日赤病院であった。先生は診察されるなり、これは命がないかも知れません。後頭の側面を指さし、ここを打っています。大人なら絶対死んでいます。この子の場合どうですか分かりませんが、八、九分通り駄目でしょう。でも最善を尽くしてみましょう。それを聞いたとたん私の全身の血がすっとひいた。どうしよう、大事な子供が死ぬかも知れない。それから酸素テントに入れられた。子供の様子を目を離さず見守って下さい。まっさおな子供の顔。口もきけず、眠り続けている。見守る私も保母さんも生きていて、死なないで、と心の中でただ祈るばかりであった。担任の保母が自分の手落ちと思いつめ、私が見ていると一人でみじろきもせず見守っていた。私は入院の手続きや、入院用の道具を持ってくること、親への連絡、至急子供たち全員を帰すことを園に連絡指示した。廊下でパッタリ井上民生部長の奥様に出会った。

「宮原さん、どうなさったのです」「実は今子供が生死をさまよって、酸素テントに入っています」と答えた。「私も見舞わせて下さい」。優しい奥様で日ごろから親しかった。「可哀相に、がんばるのよ」と静かに言われ、「先生も大変ですね」と労りの言葉を残して帰られた。

父親のみの家庭。親は広島県にいて連絡がつかない様子だ。そのうち指導員も来てくれた。気丈な私も生きた心地はしない。夜十一時ごろ医師がこられて、「峠を越しました」。その一語で張りつめた糸が切れたとたんに、有り難うございましたと御仏にお礼をした。良かった。やっと父親も来て、「これほどの心のこもった看病を見て、万一この子が死んでも、私はお礼を申すだけです」と言われた。その一言はこの仕事をしていて、やはり信頼して下さる思いが分かり有り難かった。それから毎年一回、検診があったが、後遺症もなく健康に過ごしている。

私は「愛児の塔」のおかげと、心の中で拝んだ。有り難う、皆さんの心が通じたのだと信じている。奇跡としか言いようのない出来事だった。後でどうして落ちたか聞いてみると、ニワトリを追って、ふだん行かない高いところから足をすべらせたという。幼児は時に目を離すと、思いがけないことがある。保母は子供を視野の中に入れておくこと。それから間もなく県の助言もあったのか、フェンスをすぐに取りつけて下さった。

幼児をその時見ていた保母さんは、保母資格を持っていたのに、これからもう一度勉強を仕直します、と翌春園を辞めた。

大変なショックだったと思う。そして、年を経て結婚されたと聞く。

別れ　その一

養子に出す時は、養子にする方も出す方も、相当調査する。吉敷に二人養子にいった。どちらも隣り同士であった。近いのでよく泣いて園に帰ると、駄々をこねたものだ。いつの間にかそれぞれが跡取りで結婚し、親になり老父母に孝養を尽くしていると聞く。女性の方は天理教信者で、毎月七日の日、赤ん坊をおぶって園の奉仕に来ていた。それも私に分からないように黙々と働いて、黙って帰っていた。ある日、町でひょっこり会い、奉仕に来てくれているそうね、と礼を言うと、笑っていた。すっかり家の柱になり、母親として、どっしり吉敷の住民になっている。たのもしい限りだ。養家になじむまで、子供心に大変だったと思う。それを耐えて、やっと平和な今があるのだ。身なりもかまわず、ひたすら奉仕する姿に頭が下がる。有り難う。成長したわね。

別れ　その二

それは思いがけない連絡であった。親御さんに渡しにいって下さいとのことだった。その子は二歳か三歳で入所した。もう小学五年くらいの男の子だった。手放したくない。幼児のころから園で育った子であり、子供もなついていた。二人で汽車に乗った。夕陽がその子の髪に照り、髪をそめている。疲れたのか、子供は眠ってしまった。あと少しで親へ渡さなければならない。幼児期、学童期を大切に育てて、いきなり引き取られる。子供の心も、その準備がないうちに……。私の心は釈然としない。時間が少し欲しい。ゆっくり話して聞かせ、本人が納得して返したいのに……。汽車は一駅ずつ着いては発車する。目的の駅が近づいてくる。とうとう降りる時間が来た。そっとゆり動かすと目を覚ました。降りるのよ、と手をとってやり、それから船着き場で親に渡すことになっている。子供は親も忘れているだろう。新しいお母さんを迎えたので、引き取るとのこと。親に引き合わせ、新しい両親は子供の両手を握って船に乗り込んだ。桟橋を船は少しずつ離れていく。

見ると子供はこちらを見て、大きく手を振り続け、両親は何度も頭を下げて感謝されているようだ。その時の寂しさ、空しさ。手塩にかけた子とのあの日の別れが、なぜか忘れられない。この話をある時児童相談所の所長さんに話したら、「養護施設は列車のようなもの。目的の駅がきたら降ろさなければならないものですよ」と。そうだ、これからはもっと割り切って考えよう。よく保母さんが別れのあと泣いて翌日から仕事が手につかないと言っていたが、精魂こめて育てたら、そんなものだ。だから子供は育つ、とつくづく悟った。

そして思いがけなく、その子の父親から電話があった。○夫が高校選抜の試合を山口のグランドでします。応援してやって下さい。成長してくれたのだ。でもその日は都合悪く行けなかった。また、四年も過ぎて、大学を卒業しました。どこか良い就職先はないでしょうか？　と電話が入った。いつも唐突である。心掛けて置きましょう、と電話を切った。それからどうしたのか、離れていて近況はわからないが、引き取られ大事に育てられて良かったと安心した。

別れ　その三

それは頭の良い性格のおとなしい子であった。父親一人で育てたので、切り干し大根が好きで、ほかの食べものには抵抗があった。学業は優秀で、将来を期待していた。ところが、離別したお母さんが、本児を引き取りたいと突然の申し出である。本児はどこにも行きたくないと何度も言った。しかし、お母さんはしっかりした人で、女性としては珍しく公務員だった。嫌々に後を振り返り振り返り連れて行かれた。それから大分経って長い手紙がお母さんから来た。

〇夫と別れて十一年の歳月は、すぐにうめようがありません。生みの母であっても、離れた歳月の重みを嫌でも思い知らされています。〇夫は毎日夕方になると浜辺に出て、愛児園はどっちの方かと思い、園を懐かしんでいる姿を見ると、身を切られるようです、と。

私たちも別れの日は泣いた。まだあのころは私たちも純情だった。心と心の絆が強かったと思う。

風の便りに、この子も大学を卒業したと聞く。どうしてか手元に置きたい子は、早い別離になるようだ。

「少年の船」に参加させて

山口県では、少年を海外に派遣し、外国の少年との友好を深め、情報交換をする企画をされた。愛児園から両親の亡い子を参加させたが、旅費が二十万円余かかる。まず一名参加させてみた。訪ねた国は台湾・中国・韓国と幅広い地域で、印象に残ったのは万里の長城だったようだ。頭の良い子で、中学二年の一年間は、私と一緒に日本画教室に通い、デッサンだけを教わった。集中力のあるのには舌を巻いた。日曜日など、私が描いているそばで、黙々と実物を見ながら描くが、あきることがない。疲れたでしょう、と三時ごろになると声をかける。「いいえ」とケロリとしている。私は疲れた。少し休んでお茶にしよう、と一服する。この集中力で県立山口中央高校をパスした。今は大学進学をめざして努力中である。その代わり絵の教室でのマナーは厳しく仕込んだ。大きい声であいさつをすること。はっきりものを言うこと。大人に交じってさぞかし気恥ずかしかったと思うが、一年経ったころ見事に変身してくれ、皆に可愛がられた。それから大きい声で堂々とものが言える子になった。訓練は必要であるが、ともすると今の教育にはトレーニングが不足し、それに耐える子が少なくなった。

翌年また、一人同じように、「少年の船」に参加させた。年齢が少し低かったのか、今一つ他国であったことをしっかり自分のものにしていない。知事さん宅に行っていた子である。でも毎年来て下さる知事夫人への思いは強く、「誇りとしてがんばるのよ」、と折にふれ励ましている。

グループ旅行

中一、中二の女子だけで松江に旅に出した。行先の施設には連絡しておいた。乗り換えもある。「どうだった」と聞くと、すごく乗り換えには緊張したと、引率者のない旅が如何に心細いか、少し分かったようだ。「施設でごあいさつは出来た?」と聞く。何とか出来たようだが、先方の親切な心遣いに恐縮したようだ。私は一人旅をさせたい。いつも誰かに頼って行動する生活は、子供を駄目にする。冒険させて自力をつけさせたい。

園の子はマラソンが強い

四キロ近い中学校に徒歩で毎日通った。重いカバンを提げて、走って通う子が多かった。それが訓練になったか、開園当初から足の早い長距離ランナーが育った。毎年地区駅伝に優勝している。しばらく自転車通学をさせたが、健康のため今年は徒歩通学にしてみた。

さて、その成果について、今しばらく様子を見てみたい。

サイクリング

年に少なくとも一度はサイクリングをしている。今はサイクリング専用の道路もあって嬉しいことだ。秋芳洞の日帰り、宇部の常盤公園と、夏休みや秋の連休、汗を流して自転車をこぐ。若い職員も一緒である。終わった後の爽快な顔を見るまで心配しながら、そんな顔をみじんも見せず、きつかった？　と聞く。「ウン」と男の子は、そっけないが、まんざらでもない顔である。体験学習は収穫が大きい。

東京オリンピック観戦記

今、韓国でオリンピックが開催されている。東京オリンピックは昭和三十九年であった。ちょうど当時、愛児園のT夫とS子は、中学三年生で、山口県から観戦に選ばれた。私も養護の会議出席をかねて引率の一員になった。ちょうど息子が大学在学中で、東京駅まで出迎えてくれ、二人を案内してくれた。二人とも何しろ大都会の東京なので、方角さえ分からない。宿舎はお茶の水辺りだった。私もオリンピックは初めて。会場の広さ、設備、日本として精一杯の準備だったと思う。観戦するのには意外に遠くて、望遠鏡でしか見えない。その時見たのは棒高跳びと、陸上競技が記憶にある。何しろ養護施設から児童を団体で連れていっているので、気配りがいる。私は副園長を引率者に決めていたのに、急に会議が入り、夜ブルートレインに乗せ、私は東京に残った。なれぬ寝台で落ちなければよいが、と心を残して列車を見送った。卒園児の二人は、オリンピックを観戦した思い出は強烈に残っていて、今もその時を懐かしんでいる。

ファミリーホーム

家庭的処遇を如何にするか。どこの施設も頭を悩ます問題である。集団養護のメリットよりも、デメリットの方が目につく。そこで、当園で一軒独立した家に改造した。キッチンから、お風呂場まで全部ととのっている。さて、如何に活用するか、小グループが交替に入居して、自分たちで炊事から洗濯・入浴・就寝と生活を共にする。職員も一人はつく。日ごろ見せない姿が出る。手際よく炊事の出来る男の子。ゆったり食事したり、欲しい献立にしたり、と楽しいようだ。まず、集団から抜け出した気分が新鮮なのだろうか。部屋もたくさんある。仏間には毎朝お参りして、そこは別世界になるようだ。お寺にお参りしていた時間が短縮された。時に悪いことをした時、この仏間で静かに考えなさいと言われることもある。

父母を亡くした子は、四十九日間、毎日お参りして冥福を祈る。施設も多角的な運営を、これからは考える時期にきていると思う。

福寿草

一月の月もあっという間にすぎようとしています。某紙をめくっているとぱっと目に入った写真。それは、白雪の中から顔をもたげている福寿草の、黄色い目もさめる花の美しい姿でした。

—交歓—

どうやって君達はこの雪の中から顔を出したのだ。叫んだのでもない。まといつく雪を、動物達がするように払い落としたのでもない。

君達は新しい年の太陽の、いよいよ優しい輝きを念じ、それを確信して、最も素直な微笑を浮かべていたのだ。その顔を見たくなった太陽はじっと一点に目を集めて雪に穴をあけたのだ。

静かな交歓。言葉のない純粋なおめでとう。それから。それからはもう何も要らない。

人と人ともこのようにして、心と心との挨拶がもっと自然に、こともなげに交わされる時が欲しくなる。余りに淡く、哀しいようにも思われるが、それが美しく貴い。

（作者　串田孫一）ＰＨＰ誌より

さて、昭和六十年度卒園記念号にふさわしく、卒園生のことに触れてみたい。今年は高卒児五名、内男子四名は山口県立農業高校卒で、女子一名は中村女子高校卒である。中卒児は男子四名、女子一名、他男子一名である。在園期間の長い人から記すと、

Ｋ・Ｋさん。在園期間十四年十カ月。幼児の時兄姉三人と一緒に入園、愛児園っ子になりきってよく頑張りました。学業も上位になり、何をさせても気持ちよくテキパキとやれるようになりました。本人の希望でオーミケンシＫＫに入社して調理師学校に学ぶことになり、入学試験もパスしました。これからが正念場、やり抜いて卒業したらその道に進みましょうね。将来を期待しています。

Ｈ・Ｈ君。在園十三年八カ月。農高林業科卒。君がこんなに素晴らしい青年に成長するとは予想もできませんでした。今の君を見ていると、完全に自分の前途に向かって、あらゆる努力をしている様が涙ぐましくなる思いです。優しい心根で周囲の人を温かく包み、それでいて自己確立ができたということ。残念だったのは公務員にパスできず、藤三商会に入社決定。職場は厳しいと予想しますが、今の君のフレッシュな心、努力勤勉を見る限り、きっと成功すると大いに期待しています。

Ｆ・Ｙ君。在園十三年五カ月。農高畜産科卒。念願の一番で卒業という栄誉。よくぞ頑張り抜きました。クラスのムードは良くないと先生が嘆かれるほどの中を級友に惑わされることもなく孤高の中で、毎日学業に励んだのは、園の先生方の力添えと、友人Ｈ君の支えもあったのではないかと思います。園長が後見人という立場もあって、君との共同でここまできたと思います。就職先は伊藤ハム、希望の会社です。持ち前の頑張りで、上司の意にそうよう頑張って下さい。期待しています。

Ｎ・Ａ君。在園十三年。農高土木科卒。旭硝子ＫＫに入社。頭脳も良く、判断力もあるが、何しろ無口。それでいて人一倍デリケートな面もあって、根は優しい。惜しいのは表現力が下手かな？　と思いながら、甘えがそうさせている面も感じる。案外、園外では順応力もあり、うまくやり抜くのではないかと安心している。旭硝子は大手企業、まだ下に弟、妹がいるので兄として自覚し、私達も将来を大いに期待している。

Ｙ・Ａ君。在園十三年。中卒で理容に進む。立派な体格で男の中の男という感じを持っていると思いながら見ていたが、なぜか中学に進学して変貌した。進学はしない、すぐ就職。手に職を持ちたいという君の考えも一理ある。不確実性の時代と言われる現代、何か一つの技術を持つことは強みとは思う。しかし、従弟制度の中で長い長い修業があって一人前になる。耐えること、努力すること、時は金なりという諺がある。切磋琢磨の日々であることを覚悟して、プロとして自立して欲しい。

K・N君。在園十二年六カ月。中卒。滋賀の大津紡績入社、高校進学。いつまでたってもあどけない幼さが抜け切れない。これからは仕事と高校進学を両立させなければならない。厳しい条件である。挫折しない粘りを見せて下さい。お姉さんもやっていること、男だもの置かれた環境に負けない強さを見せて欲しい。

S・N君。在園十二年六カ月。中卒。滋賀の松文産業KK入社。K君と瓜二つ、未だにK君？　S君？　と確かめて言葉を出す有り様、性格もよく似ている。仕事と勉強の両立は、言うは安く行うは誠に厳しい条件。それでも女子で自力で短大に入学し、今、保母になっている人もいる。君は男、若い時の苦労は買ってでもせよ、と昔の人は言っている。野球の長嶋茂雄氏は、〝洗心〟を信条とされているという、心を洗うフレッシュな心で、と教えられる思いである。教訓として贈りたい。

T・K君。在園十年。農高林業科卒。広島のエイエスシビルコンサルタント社入社。測量士補の仕事らしい。君は頭も悪くない。人づきあいも如才ない。何かさせると徹底してやる力もある。惜しいのは時々いい加減さが出ることだ。ひたむきに打ち込む持続力が今一つ欲しい。それが身についたら鬼に金棒、誰でも一目おく立場に立てる。仕事の世界は時間厳守。相手に添っていかなければ、特に測量は難しいと思う。就職するまでに確固たる信念を培い、生活を営むリズムを創ることを切に願う。

Ｅ・Ｋさん。在園期間十年。中卒。就職オーミケンシ、高校進学。園より高校進学させるつもりが追い込みに入っても迫力が出ず、集中力持続が難しいところを見て、就職に変更した。十年もいると自己確立よりも甘えが出てＥさんを駄目にしないか、考えに考えた上、就職の線を出した。内心ほっとしたと思う。明るくなった。今の気持ちを忘れず、楽しく働き、楽しく学ぶことを考えて下さい。今一つ、物ごとに固執しないこと、もっと柔軟な物の考え方をすること、まだまだ幼い面もあるので、上司の人のお話をよくかみしめて聞き受け止めること、何でも人並みにできる力があるから、惜しみなく自分の力を発揮して下さい。

Ｈ・Ｍ君。在園八カ月。中三の七月末の入所。巣立たせるにはあまりに園の生活が短く、まだまだ生活習慣を学ばせたかったけれど、本人の希望で左官職に就くことになり、就職先は富士産業です。君はすごく素直で、世慣れしていない面があり、それだけに今少し時間が欲しい気がする。でも優しい人柄なので、案外職場で先輩に可愛がられると思う。男子の場合将来がかかってくる。どうか飽きずに頑張り、左官職人としてやり遂げて下さい。

Ｆ・Ｉ君。昨春も文集で書きましたので略しますが、素直にコツコツと今の左官に取り組んで、早く一人前のプロになって下さいね。

以上、十一名を送り出します。養護施設の役割は皆さんを社会に適応できる人に育て、社会に送り出すことです。その準備期間が終わったのですが、これでよかったのだろうかと毎年自省の繰り返しです。どんなに園でうまく順応していても、その人が就職してうまくいくとは限りません。それは何が原因でしょう。四十年近くこの道を歩いて感じるのは、粘り強さ、耐える力のある人は続くと言えます。やめる人の言葉は会社の仕事が自分に合わないと言います。自分に都合の良いところばかりある就職先はありません。良い点、思いと違った点があるのは当然。でも一年二年と石の上にも三年という言葉があるように、やってみなければ良さも判りません。先ず黙って三年頑張りなさい。思い切ったことを記しました。本当の言葉です。皆在園が長いのです。それこそ日々の生活を先生方と共有し、生活したはずです。そこで学んで得たものを糧に充実した人生を歩んで下さい。健康管理に気を付けるのですよ。

白雪の中の福寿草を取り上げたのは、おめでたい草として古来親しまれ、福を呼び、寿ぐ意味もあって、巣立つ皆さんの幸せを願ってのことです。

—あいじ　第33号卒園特集号より—

思春期のこわさ

真面目でいうことなしの子が、突然変異を起こすのは思春期に多い。幼児期、園に入所するまでの養育に大きい原因があるように思える。そんなケースが意外と多い。いじめ、放任、飢餓、数えたら限りがない。親とは木の上に立って見るもの、広い視野で子供が見えるのは、精神的にゆとりのある親の出来ることで、入所時の主訴はそんな生やさしい環境ではないことを、とつくづく思い知らされる。

好ましくないと思える家庭生活、夫婦のいざこざ、経済基盤の弱体等。人権は平等なのに、人は生まれ落ちた時点から不公平なのだろう。

私はよく、ケースを読む時、両親の成育歴、そのまた上の祖父母のありようを探る。子供の姿を浮きぼりにしたいから……。幼児期の大切さは、思春期にまで影響が及ぶ恐さを、つくづく思い知らされるからだ。子供の心の内まで入り切れない思春期。自分も通った過程なのに、担当保母さんの悩みが痛いほど分かるこのごろである。

第五章

ひまわりの花のごとく

働けど、働けど

石川五右衛門は釜ゆでされた時、子供を両手で捧げたと言い伝えられているが、真偽のほどは知らない。

本児は中学校で十番以内の良く出来る男の子だった。山口一のクリーニング店に勤め、厳しい修業中、父親が宿賃を本児の名で踏み倒したり、小遣いをせびったり、本児は父のために働けど働けど苦しかったようだ。でも私には黙って耐えた。父は妹の嫁ぎ先にも行ったらしい。そのため家庭の不和になる原因を作ったのだそうだ。本児は東京で修業し、京都でクリーニング店を若くして開業した。そして、山口の娘さんと結婚した。仲人さんにはクリーニングの会長夫婦にお願いし、私も亡き主人と親しかったので心安かった。

私は男の子の親代わり。先方がきちんとした家庭なので、こぢんまりしたお式や披露宴だったが、皆に祝福されて良い結婚式だった。京都本山の研修会の後、私を新居に招いてくれた。小さなアパートだったが、小ぎれいにして私を下にも置かないもてなしをしてくれて感謝した。

その頃、この子のお父さんの消息は不明であった。そして遠い地からお父さんの死の知らせである。誰にも見とられず、老衰だったようだ。お母さんの実家からの知らせか、一度も消息の無かったお母さんが、この兄妹と一緒に私を訪ねてきて、「長い間子供達を育てて下さって、有り難うございました」と深々と頭をさげ、礼を言われた。聞けばこのお母さんは、夫の暴力に耐えかねて身を隠されたという。それから辺鄙《へんぴ》な地で仲居をして、せっせとお金を貯蓄し、兄妹に相当まとまったお金を平等に渡されたそうだ。それが妹夫婦のいざこざの種になるなど考えもしないことだった。いろいろ話を聞かれ、自分の渡したお金が争いの元になるなら、兄妹とも平等に返して、と言われたと聞いた。

平和な家庭から出征した父親は、戦場で何かがあったのだろう。性格まで変わって帰還した。戦争の怖さを、このケースでも知った。やっと母と子は晴れて会えたが、むごい話である。何かが狂っているとしか思えない悲惨な事例である。

愛は国境を越えて

A子としておきたい。韓国人だった。卒園した子が、A子をキャバレーで見たと告げた。ある時、中古品が日本名で来た。そばに小さく旧姓が記してあった。帰化し結婚したとのことで、近所の人たちと再々中古品を送ってくれた。

一度は華やかな空気を吸った子が、運がよかったのだろうか。年賀状を欠かさずくれる。便りの末尾に、懐かしい、訪ねたい、と書いてある。何人か韓国人の子を育てたが、恩義の厚いのには感心する。何年経っても忘れず年賀状が来る。日本人の人情と比べると、日本人の方が恥ずかしいようだ。そして恩義が薄い気がするのは思いすごしであろうか。

国民性の違いか、見習いたいものが残っている。

法廷での涙

東京生まれというだけで、浮浪児の本児を福祉司さんは「里親さん宅で一言も物を言わないので、入所させて下さい。この子が口を開くようになったら大手柄ですよ」と、初めから処遇困難なことを聞かされた上で預かった。少し粗暴な言動はあるが、少しずつ私達にも馴れ、その次は、言いたいことをずけずけ言えるようになった。園にとても気立ての良い女の子がいた。その娘が好きなのに、わざと邪険に当たるのである。愛情の裏返しなのだろう、と眺めていた。途中の就職先を忘れたが、舞鶴の海上自衛隊に入隊が決まり、私に連れていってと言う。「一人で行けるでしょう」と言うが、どうしても途中が不安というので、仕方なく同行した。舞鶴に行く車中、ホームで売るお弁当を二人分買って、開けてみると、二つともご飯。これには驚いた。次の駅でお惣菜に取り替えてもらってヤレヤレ。売る人も忙しく、慌てたとみえる。舞鶴駅に着いてみると、誰も付き添いのいる入隊者はいない。恥ずかしいと思ったのか、「帰って」と言う。勝手なことをと少々あきれたが、周遊して山陽線で帰った。車窓から外を見ると田舎のこと、自衛隊入隊を祝して日の丸の小旗を手に手に打ちふっておられた。

次に本児が帰った時は、佐世保の保母さんと結婚したいと話していた。あまり高望みしないことよ、と言ったが、何があったか海上自衛隊は辞めていた。どこか就職したいというので、山口市で有名な料亭にお願いして、真面目に勤めていた。ところが、ある日、この子が、刃傷沙汰を起こしたと、新聞が報道した。今まで園出身の子が新聞沙汰になったことはない。原因は恋人が事務員で、その姉と本児は中学時代同級生であった。二人の仲を親に言いつけ、交際をさせないようにしたことにカッとなって、恋人のももを刺した。私は生まれて初めて法廷に立って、本児の弁護をした。成育歴を話し、情状酌量してほしい旨を述べた。未決の間は留置場にいたが、私が保釈金を出し間もなく出所した。元の勤め先では、本人の働き振りが良かったので預かりたいと言って下さったが、本人がその気にならず、断った。その青年は大のヤンチャとも異なる粗暴さが目立った。卒園した子の世話には限界がある。東京には兄弟もいるので、汽車に乗せた。姉は真面目に働いているようで、東京空襲でバラバラに離散したらしく、年はすでに二十歳を過ぎていた。いつか気がつくだろう。悪夢を忘れ、新しい人生を歩いてほしいと祈る思いである。

業を背負って

E子は美人だった。見習い看護婦として医院に入り、次に総合病院に看護婦として就職した。発展家のタイプで、気にしていたら、まことに誠実な一人の青年と結婚し、一児をもうけた。私達もそっと胸をなでおろしていたら、思いがけないうわさを耳にした。結婚しているのに建設会社の社長の息子に見染められ、強引に離婚。結婚式は華やかだった、と。

残された一児は、祖父が病弱な体で世話をしているという。可哀相にと言っていたら、再婚した相手に若い女性ができて、見捨てられたという。この子の母も姉弟を夫のもとに残して、若い男性と一緒になっている。その後、この子の父は一時入院していた。よく見舞いにいった。どうしてか女の子は母親と同じ道を辿る例が多い。今はまた、看護婦として働いていると聞くが、元のさやにおさまったとは聞かない。業を背負って生まれるのか、悪い方の道を選ぶ子の例を聞くたびに、悪縁を絶ちなさい、と言いたい。自分の抱いた悲しみを、我が子にも負わせて平気なのだろうか。
本能的母性愛喪失の例は、戦前はあまり聞かなかった気がする。
悲しい世相になったと思う。

わたしの育てた〝おしん〟

Y子が他の園から里子に行って不調整になり、当園に入所したのは昭和四十年代である。入所当初は不潔であったり、言葉に表裏があったり、この子の処遇にはしばしばあきれたり、手を焼いた。

勉強は嫌いな子ではなかった。集団就職で紡績会社に入社し、同時に定時制高校に進学した。そのころ私は就職先の会社訪問をした。

本児は、私にはボーイフレンドがいますという。「一度会わせてね」と言うと、私の宿を一緒に訪ねてくれた。そのボーイフレンドは、優等生の仕事熱心な、性格のまことに良い子です、と社長さんからすでに聞いていたが、会ってみると、本当に好青年で真面目であった。

お互い若いから清い交際をするようにと話して別れた。Y子は勉強を教わったりして、良い成績をとっていた。

そして、驚いたことに、高卒までの四年間に随分貯金をしたようで、次に聞いた時には昼《ひる》間の保母コースの短大に、自費で進学しているという。「園長先生、私の目標は園長先生です」と言う。お上手をいう、と思いながら、黙って聞いていた。

学校の休暇中はアルバイトをして、無事卒業し、保育所に勤務したそうだ。その間、姉の家の窮状を助けたりもしたと聞く。あの入所当時を思うと、よくまあ成長してくれたと目を見張るほどの人間としての成長振りである。彼の故郷の近くにいたので、「いずれ結婚するの」と尋ねたが、将来のことは決めていません、とサラッとしたものだった。女の子として自力でここまでやれる子の事例は少ない。

根性のある子である。

子育て

結婚した子から、いきなり四人の赤ちゃんの写真を送ってきた。その妹がそばにいるので、「これお姉ちゃんの子？」と聞いた。生めよ殖やせよの時代でもない今、よく次々産んだものと感心する。

お姑さんがおられるから、何とか出来るが、それにしても、これは大変な重労働だ。毎日が子育て戦争だろう。素晴らしいことだ。

板さん

よくテレビや映画できっぷの良い、江戸前の板さんを見る。園の子で案外、板前になった子が多い。そして、ある程度成功している。

三十周年記念のお料理は、全部卒園児の板前さんが集まって夜を徹して作ってくれた。心がこもっていて、正直おいしかった。また、有り難かった。店を構えている子もいる。チーフになって、店を仕切っている子もいる。アメリカに渡っている子もいる。遠い地で、中華店や焼肉店を出している子もいる。修業は厳しかったと思うが、男の子は口に出さない。時々食べに行くが、腕前がずいぶん上がっている。ガンバレ愛児園っ子。

親に引き取られた子　その一

利発な気立ての良い姉弟が引き取られたのは、その子たちが小学校高学年の時だった。姉は県立高校に進み、成績優秀で、今春、甲種看護学院にパスした。県立からも一、二名しか通らない難関である。

その姉弟は、よく一晩泊まりで毎年やって来ていた。いつまでも園を懐かしみ、次第に成長する姿を嬉しく思って、遠くから見守っていた。パスした知らせを聞いて、職員一同手を取り合って喜んだ。良かった。

親に引き取られた子　その二

民主主義は一部の特に心ない女性に悪い影響を与えた、と嘆きたいケースが多い。父子家庭の父親の方が、子煩悩であると思えるのは、同性として悲しいことだ。子供が幼くて、一時預かっても引き取られる時の嬉しそうな顔。どんなに苦労しても親子が一緒に住めることは幸せこの上ない。お互いバイバイ、また遊びにいらっしゃい、と祝福して見送る。

なかに、どうしても会わせたくない生母もいる。どんなことがあっても、決して会わないように、懇々と諭したのに、高校を卒業し就職して、内緒で会っていた。今はあの子がと思うほど転落している。落ちるのは早い。どうしてあれほど言ったのに守ってくれなかったのか。その実父は何となく勘で知ったようだ。もう僕の手に負えません。とわざわざ私に詫びに東京からこられたようだ。私は出張中で会っていないが、長い歳月、心をこめて育てたかいは、実母によって一挙に壊された。幼い日、いじめ抜いた母親なのに……。

同じようなケースの兄弟四人は、皆私の言うことを守り抜いている。顔と顔がぱったり会った時、さっと隠れたと言っていた。今その中の長女は嫁いで、もう四人の母になった。

母は子供に会いたいと言う。しかし会わせたら、子供がくずれることも目に見えている。可愛かったら、しばらくそっとしておいて下さい、と答えるしかないケースも意外に多い。

早婚

女の子をたくさん見てきて思うのは、家庭にあこがれ、自分の巣を早く求めたい子が多い。真剣な恋愛なのだろうか？　それとも若さのゆえか。

私に相談しないで結婚した子に、なぜか離婚のケースが多い。それでも我が子は決して手放さず、けなげに働いて子供を育てる意気込みは、自分と同じ道を決して辿らせたくない思いなのだろう。思えば母子別離の悲しみが、どれほど深く心の底にわだかまっていたかを物語る。離婚してもめめしく泣くこともなく、サバサバとしている。これからの永い生涯、苦しい日もきっとあるだろう。子供は小さい時は良いが、思春期には一度や二度は親をハラハラさせるものだ。四十代前後になると、そのたくましさに目をみはる。苦難時代を味わったのが良かったのだろうか。遙々と訪ねてきて語る子。その子には特に厳しく家事をさせたが、若いころの思い出は、美しくとかく虹色に見えるのか、負うた子にいろいろと教えられる一日だった。

花嫁・花婿の親代わり

卒園の女の子は、おおむね早婚である。不思議に縁談が次々とくる。花嫁姿で園から出したのは三人。遠いので宿をとって出した子もいる。三人共私が仲をとりもった、というより先方が熱心で、根負けして嫁がせた。私は女の子は若いから、両親と同居を選ぶ。それに耐えられる育て方をしたと思っている。

園の女の子は花嫁姿をのぞきに来て、まあきれい、と溜息をつき登校する。結婚の日まで料理の特訓をするのである。三人共何人も子供を産んで辛抱している。辛いことも私に愚痴は言わない。その点、偉いと思う

男の子も何人も親代わりで、結婚式に出た。花婿の親も忙しい。仲良く暮らすのよ、という。結婚して、夫婦が子供を先ず私に見せにくる。仕合せを絵にかいたような図に、私の頬もゆるむ。

新婚時代は盆正月と甘いムードで、そのうち子供連れになると、なんとも賑やかである。

今年はお年玉を何袋用意しようか、と指を折って数える。楽しみの一つである。四十年近い歳月で、孫の数は数えきれないほどだ。災いを転じて福としてほしいと切に思う。子孫のために徳を積む。善行の積み重ねこそ、次代の子への幸せなのだ。いつか年を重ねたら、園で学んだことを思い出すだろう。今だけを見るのではなく、末永い将来の基礎づくり、手抜き養護はすまい、と絶えず語り合っている。

職員の仲間になって

この子は、家庭の事情で両親が離別し、園に幼児のころ入所した。こんなに読書の好きな子は二人といないほど、本の虫であった。物知り博士と私は言った。小学生のころ、何を聞いても知っているのに驚かされた。草っ原にひとり寝そべって本を読んでいる。寂しそうだから、声をかけて下さいね、とよく保母さんに言ったものだ。

行事として宇部の常盤公園にバスハイクに出掛けた。すると日ごろそんなに私の側にいないのに、兄弟で私の両手をしっかりと握って放さない。さては今日は、遊園地でお金を自由にくれる人を選んだのかな、と思った。終日、兄弟は私のそばを離れなかった。担任がいないので、私は兄弟を連れて却って楽しんだ。兄は中卒後、新聞社に入社し、定時制の山高に通学。弟は勉強好きなので、読売新聞の新聞配達をし、朝刊夕刊を配って一流の普通高校へ。それは栄養失調と診断された本児にとって、大変な精神力だったと思う。

そのかいあってか体力もつき無事卒業。直ちに立命館大学を受験。定時制に入学した。

アルバイト生活で学資と生活費を賄ったのだ。それでも学割切符でよく帰省した。人なつこい子である。私は彼が京都にいる間に大文字を一度見たかった。友人を誘い京都に行った。彼はお金も無いのにタクシーをチャーターし、私たちの宿に迎えにきた。三条大橋のあたりが一番良く見える。神秘な大文字に魅せられたが、何しろ人の波。はぐれないよう長身な彼の上服の端をつかんで歩くほどの人ごみである。大文字を二つ、舟形、鳥居、全部を見た。待たせた車に乗って宿に着き、三人で遅くまでおしゃべりした。幼なじみの友は「良い青年ですね」とほめたたえた。

次は職員旅行でハワイに行く時、私は軽い気持ちで、大阪空港なので「迎えに来てよ、外国のお酒をお土産に買ってくるよ」と言った。約束の時間をちょっと遅れて彼は来た。乗り物は何で来たの、何気なく聞くと、岡山からオートバイで来たと言う。どうして？　と驚いて尋ねると、卒論を岡山でテントを張って書いているという。私は啞然とした。悪いことを言ったわね、京都とばかり思ってと恐縮することしきり。彼は大したことではないと、土産の洋酒を喜んでくれた。律気というか、人情が厚いのか、恩義を忘れないのか、私はただ礼をするのみ。

なにもしてやれなかったのに、申し訳ない。彼は今春、保母さんと結婚。一戸建ての大きな家を借りた。それも格安で。徳を積むことの大きさを改めて教えられた。今、当法人の保育所の障害児の指導員をしている。外部から講義や助言者としておよびがかかり、活躍している。一筋通った好青年に成長した。この子の宝は人を信頼し、ついていける純粋さだと思う。

ある子の死

兄弟二人で入所した。お父さんは病弱だった。弟の方は中学校の校長先生が「初めてこんな礼儀正しい子に出会った」と、ほめちぎって下さった子である。明るい子だったが、この子の交通事故は初めて乗って出勤した、〝ナナハン〟のバイクの転倒だった。私の上京中の出来事である。卒園して措置が切れても、私達は親代わりである。翌朝入院先を見舞った。すでに片足はももから切断されていた。眠りこんでいる子に「〇〇君、分かる、お母様よ」と呼んだら、麻酔で意識のないはずの眼から涙が二筋すっと流れた。やっぱり分かるのかしら、とそこにいた人の口から出た。

私には養鶏場に転職したいと言っていたのに、全然別の勤務先だった。その事務所の方は、実によく面倒を見て下さった。事故保障の保険金も千数百万円は入ったのに、それから何年もたたずして、祖先のお墓のそばで自殺した。

やせ細った体を清めてやりながら、「何故」と涙がとまらなかった。お葬式も龍蔵寺で、お墓も龍蔵寺に新しく建立し、今眠っている。自殺とは何かの心の証明である、と書いてある文字を読んで、「何を証明しようとしたの？」と聞きたい。ただ胃腸が弱り切って、なんにも食べていなかった。私に息子が、「お母さま、あっちにいって」と強い語調で言ったが、私のしてやれる最後のつとめ、と思って丁寧に遺体を清めたことが、私の心を少し安らがせた。

今も卒園生が次々と園を訪ねるたびに、「○○君のお墓にお参りしてやってね」と、線香を手向けさせる。お墓にお参りするたびに、あの生前の少年時代が瞼に浮かび寂しい。

第六章

花ごよみ

花ごよみ

つつしみて　藍綬褒賞受けし秋《いま》
支えし　人達の温情になく

養護施設　吉敷愛児園創設

昭和二十四年十月頃は、次々と入所児が増加し、十数名の子供たちでお寺の広い本堂まで使用した。

本堂の段を上がった処を板張りにして、机・腰掛を一人一人に購入。まるで学校の教室のようである。その前に黒板を置き、私は子供が学校にいった留守の間に、帰ってからの宿題や問題を板書しておいた。人数が多いと一人一人と話しても時間不足。そこで毎日日誌を書かせ、毎晩子供が寝てから読み、朱で私の感想を記入し心の交流をはかった。

波多野先生は、当時有名な教育家であった。その先生の子育てに、働くお母さんとして、やはり日記で交流されたことを読み、同じ事をされていると思ったものである。

毎日戦場のような忙しさの中で、十一月だったと思う。養護施設の認可がおり、さかのぼって十月一日の日付であった。当時の県知事は、田中龍夫氏だった。

開園式の記念写真があり、山下太郎山口市長、中田民生部長のお顔が写っているが、その日の式次第が思い出せない。吉敷愛児園の名称は師僧の兄弟弟子である粟屋快応師が、〝愛児園〟が良いと言われ、私も気に入って名付けたのである。

養護施設になると、最低基準があって、それにそって一部改築をした。お金の苦労はずっと続いた。二十年代創立した施設の園長は、ずっと経営の苦しみを味わわれたと思う。今とはケタ違いの措置費であったから、それでも当時の貧乏生活の中で寝食を共にし、苦しい中を共に同じ粗食に耐えたことが家族のような絆になったと思う。

「働かざるもの食うべからず」とは子供同士の会話だった。貧しさを苦にせず前途に光を与えるあの子供のエネルギー、私も三十代の若さで、ただ一途に毎日が楽しく忙しかった。共に泣き、笑い、叱り、それでも心の中で慕ってくれていた。時代も素朴だった。あの当時の子供の顔をアルバムをめくって眺めると、どの子供も何と生きいきとしていることか。過酷な作業の毎日なのに、粗食に耐えて生きている生活の実感はあったのだろうか。

お正月も節目があった。吉敷婦人会の方が、あの頃は、かます一杯のお餅を必ず各家から集めて寄付して下さり有り難かった。

今は、飽食の時代。お正月の感興も薄れ、節目の楽しさも漠然としか受け取らない風潮、毎日がのっぺらぼうに流れている。

当時を偲び感慨ひとしおである。

愛児の塔建立

昭和二十四年十月、当時は子供十人に保母さん一人だけの時代であった。十月のある日、突然生後推定一カ月の赤ちゃんを、中央児童相談所から連れてこられた。可哀相に防府の映画館に置き去りにされていたという。栄養も十分ではなく、お尻もただれて赤い。私は毎日そばに寝せて、抱っこしたり、ミルクを調乳して飲ませたりした。まず名前がない。児相の所長さんが、八坂愛子と名付けられた。毎日育てていると可愛くなる。それでも他の子供の世話がある。そのころ、私はいつ眠ったのだろうか。

ある日、検診があるというので、十一月の寒い日に抱っこして吉敷支所に行った。それが悪かったのか、翌朝あえなく死亡した。預かった子を失ったショックは大きく、私は号泣し続けた。他の子たちが近寄ることもできず、時計を見ながら私の静まるのを待っていたようだ。その後、子供たちに「申し訳ないけれど、私はこの仕事を辞める」と申し渡した。すると、どの子か「そしたら僕たちはどうなるの」と言う。泣きべそをかいて、どう

昭和26年、愛児の塔の前で

してよいか途方にくれている子どもたちの姿に、改めて事の重大さを思い知った。しっかりしなければ、この子たちの母親なのだ。はかない寿命だった愛子ちゃんのためにも、強くなろうと、それから私も少しずつ肝っ玉母さんに変身していった。

昭和二十五年に推定一歳半の脳水腫の赤ちゃんが入所した。宿屋に「情ある方に、この子のことをよろしくお願いします」と、書き置きして肌着と着物が数枚入った風呂敷包みが置いてあったという。脳水腫とは福助頭のことで男の子であった。額の下から、小さい象の目のような顔をした可愛い子だったが、何しろ抱くと頭が重くて下がる。身幅は普通寸法では前が合わない。おしっこをさせるにも、重くて力持ちでないとできない。入浴も二人がかり。十人に一人の保母さんで、子供の炊事、洗濯、勉強、作業と人間わざで出来るわけがない。私も完全に保母役であった。いろいろ児相と相談の上、お医者さんの診察を受けた結果、この種の子どもの寿命は、いずれ長生きできません、と宣告された。それならなんとか今のうちに手術して、少しでも長生きさせたい。頭が重くてハイハイもできず、見ているといざって動いている。いろいろ交渉の結果、九大に入院させ、手術することになった。保母さんが付き添い。児相からもご一緒して下さって、手術した。だが、残念なことに手術中出血多量で死亡した。電話もない時代のこと、帰った保母さんに報告を聞いたときは、さすがに望みを託していただけにがっくりした。幸薄い生まれなのだ。

それから、私は、供養塔を建てたい思いが湧き、どんな苦労をしても、必ず建立すると決意を新たにした。せめてもの私の供養である。里親時代から、朝夕毎日本堂で般若心経を子供と一緒に誦した。子供の中には全国を浮浪した者もいたが、お勤めの間はさすが神妙である。

愛児の塔建立の募金は、当時理事であった宮崎匠先生が教育委員長であったので、県内小中学生の一円募金を発案され、実行した。県内婦人会も協力して下さった。塔は私の考えた構図で、お地蔵様の両袖に二人の童子が縋っている形である。今はないが京都の高橋株式会社に依頼した。何度も打ち合わせに足を運んだ。そして、発注から何カ月か経って梱包された大きい荷物が届いた。開けて一つ一つ取り出すときの気持ちのはずんだこと。組み立ててみた。眺めていた指導員が、「お地蔵様のお顔、誰かに似てないか?」と尋ねていた。「お母さま」と誰かが言った。お地蔵様のなんと優しくまろやかなお顔。そして、二人の童子の手足は丸々として、くびれている。愛らしい。早速、石工さんが台座を造られた。

除幕式は昭和二十六年八月七日。滝の音と蝉しぐれの中を多くの僧侶と参列者。そして、報道陣も集まって挙行された。除幕をした子は誰だったたか、今は思い出せない。除幕のあと、哀切な塔のうたを園の子が歌ったとき、参列者は皆涙され、心から冥福を祈って下さった。私はなれぬ式辞のリハーサルを事前に何度も繰り返した。

全国に呼びかけたところ、乳児院等からのはかないみたまが百体に及んだ。私は、わが子孝子も仲間に入れ納骨した。わざわざ遠くからわが子の分骨を納められる方もあった。愛児の塔の記事は全国版に載り、ラジオで放送され、驚くほどの反響があった。そして、八十通からの励ましの手紙が来た。

園舎の建築もしないのに、供養塔を建てることの批判も一部あったが、私は無縁仏の供養の徳を信じ、以後瀕死の子が助かったとき、愛児の塔の霊の加護をありがたく感じたものである。

寺の庫裡改造、そして新園舎建築

里親時代の四カ月、そして、昭和二十四年十月一日に養護施設として認可され、次々と入所の子は増加の一途であった。お寺の庫裡は炊事場も非活動的で、とうてい大家族の食事は短時間に作れない。

そこで今の県共同募金会に類した会から、一金五拾円也の補助を受け、それを基にして炊事場と食堂、風呂場、給水用の水槽を改造した。そのころ子供は二十名近くになってい た。少しずつ子供は増加する一方。風呂も便所も男女別にした。トイレの適地がなくて閉口、一時本堂のそばに造ったが、臭いに困った。非衛生的な一時しのぎである。

ある日、理事の新田義夫先生が耳よりな話をされた。それは山口郵便局が移転改築のため、わずかの期間県庁前の旧自治会館のところにバラックを建てていた。郵便局の新館が竣工し不用になる。そこでバラックの買い手を探しているそうな、と。私はこの話に飛びついた。確か四十五円くらいだったように思う。直ちにその係の方と交渉して手付け金を打った。そのときの私の動きは電光石火そのものだったと、今は思う。そのころ子供の居室は本堂と庫裡全部、本堂の内陣とその前の礼拝場所だけをあけていた有り様であった。なんとかしなければお寺も荒れる。当時の養護施設特有の臭いは、仏様に申し訳なかった。

　手付けを打ってお金の工面をしている時、思いがけず横やりが入った。そのバラックの骨をぜひ譲ってほしいといったものだった。私は内心怒った。心の中では女と思って軽く見られているようでいい加減にしてほしい、もう内約しているのにと。私の意志が固いので、とうとう引き下がられた。私が園舎を建てた第一号がこのバラックの骨を活用しての愛児園の旧園舎である。昭和二十九年だったと思う。それから借入金をして炊事場と食堂兼講堂、そして、風呂場を建てた。風呂場が下にない間、お寺に通っていた。ある日、県の課長さんに電話した。「課長さん、愛児園を見に来て下さい。寒い冬の日、お寺まで風呂に入浴に通うのですよ」と。当時の課長さんは「ウン分かった、すぐ行く」と、あっという間に足を運ばれ、どこの補助金か戴いた。人間その気になれば子供のためだ、出来る、と、それからは体当たりで園舎建築をした。

　一応六十名収容の施設になったので、法人化をしたのが昭和三十年である。昭和三十年代は幼児の入所が増加して、ある年度二十八名、約五〇パーセント近くの増になった。学童と幼児の生活のリズムの違い、専門的にもっと母親に近い処遇がしたいと、思い続けて

愛児の塔の前で拝んでいる子供達と共に

五年くらいかかり、昭和三十九年待望の幼児棟が竣工した。当時は独立した幼児棟として、全国各地からの見学者は「良いわね」と溜息をつかれたものだ。現在は一番古い園舎になったが、補修、改造を重ね、昼間保育室を増築したりして快適になった。

牧畜をしてみたかった

昭和二十年代は分類収容ではなかったから、少し知能の低い子も入所していた。ある子は時計の読み方を何度教えても覚えない。この子のために何か技術を教えたい。そこで牧畜をさせたらどうかと思った。園のそばの道を登ると宝地という地名のところがあり、そこには四、五軒家があった。小郡に近い過疎地で、一軒ずつ出て行かれ、無人になっている。広い台地で田畑があった。そこで私は当時市議会議員で酪農家の北村氏に、子供の訓練に牧畜がしたいと話をしたら、「それは良いこと、手伝いましょう」とクローバーの種をまいた。その構想は仔牛を育てることだった。さて、目安がたったので、県に話したら、園から遠すぎる、車が通らない、とあっさり取り止めを宣告された。何でも基準にそってしか答えられない官公庁に、そのころ開拓的なことを考え、実践に移したい考えの私は失望した。

グループホームを実践して

湯田の親戚の家が空いた。〝人は人中、田は田中〟と昔からいわれる。幼児をこの山奥で育てることは好ましいとは思わないし、集団生活も幼児には好ましくない。チャンスとばかり、湯田の家に数人の幼児と職員を住まわせた。行ってみると庭はあるし、大きい子はいないし、ゆったりとのどかに暮らしている。

今はグループホームともてはやされているが、当時やはり分園は認めません、と県であっさり断られた。牧畜も分園も今花ざかり。どうも私の考えることは人より早過ぎるようだ。でも先見の明のあったこと自体、福祉にかける者が必ず一度はぶち当たる事ではなかろうか。二十年代ですでに実行していたことを私は恥じてはいない。

初めて受けた県の監査

昭和二十年代の養護施設の内容は、県もおそらく手さぐりだったと思う。それでも監査があった。事務職員もいない時代、子供十人に職員一人、それで措置費をいただくと監査がある。何日に監査をします、と通知があった。通知があっても、毎日、コンスタントに記帳できる現状ではない。ララ物資の脱脂粉乳がきていた。これも記録がいる。何しろ、一日中が戦場の慌しさ。本当に千手《せんじゅ》観音のお手が欲しいのが本音であった。確か保母さんと二人きりだったと思う。私は分からないなりに、翌日の監査のために帳簿をつけていた。書いている当人が書きながら、頭がこんがらがって何が何だか分からないのである。

その夜は徹夜した。間が悪いことに、翌日は宮原家の法事で、義姉さん方が泊まっておられた。朝子義姉さんが、「美千代さん、まだ仕事をしているの」と、気の毒がられたが、私はできるところまでやる、とがんばった。翌日の監査は、帳簿を見ながら、「買われたお肉は使われていませんが、川に流されましたか?」と意地が悪い質問である。毎日、記帳してないのだから、書いた本人の私も、何がなんだか分からない。「分かりません」と答えたら、「書いた人が分からなければ、見る方がわかるはずがありませんね」といわれた。そこで私が、「あのー書類も大切と思いますが、今、育てている子供を見て下さい。それが養護施設の本命ではないでしょうか」と言った。養護施設の目標は、「子供を健全に育てるのが使命」で、その裏付けとして、死なない程度の措置費が出ていた。二十年代は三十八円くらいだったような気がする。帳簿だけ見る監査が長い間続いた。何か本筋と違う、と思ったが、あの死にもの狂いの苦しい生活は、今の飽食の時代では考えも及ばないことだろう。今もあの監査の日の情景がなぜか忘れられない。

十五周年記念式典

私は雨女と思う。その日は豪雨であった。昭和三十九年の秋。幼児棟を完成した記念も含めて挙行した。今は職員宿舎になっている場所に、食堂兼集会場があって、そこが会場であった。式には兼行市長さんが大雨の中をお祝いにかけつけて下さった。園歌の歌詞は開園間もなく、私と園児の合作で作詞した。

〝静かにあけし龍塔の　山のみどりに囲まれて　つづみの滝のなるところ　天地の愛に育《はぐ》くまれ　人の情《なさけ》に心とく　ああ　わがホーム　愛児園〟

静かにあけしと一番から歌う子供のうたが哀調をおびて聞こえるのか、参列の人たちの中からすすり泣きの声がもれ、ハンカチで瞼を押さえる人の姿があちらこちらと広がる。参会者には貧しい生活の中を、精一杯生きている子供の姿が何ともいえずふびんに映ったのだろう。私も歌いながら、なぜか涙がにじんだ。

その時のだしものの劇は、毎日、毎晩特訓の連続で、主役のT子は稽古中泣き出して、練習が出来ないほどの熱の入れようだった。当時、国重指導員の指導であった。劇の幕が開き子供の熱演は素晴らしかった。私も劇にひき入れられて涙が頬をつたった。参加者全員が共に泣いたほどの出来ばえだった。

児童福祉が今ほど普及していない時代ゆえか、協力者の方々の心も純粋だったと思う。また、日ごろは大変ないたずらっ子も、いざ何かを行うとなると心を一つにした。「まかしとき、やるから」といった親分はだのリーダーが助けてくれたものだ。

三三五五帰られる時のなんとも言えない、温かい顔、顔。狭い会場だったが、十五周年をやって良かった。当日は県からも課長さんがこられたと記憶しているが、今お名前も定かでない。

旧愛児園歌

一、静かにあけし　龍塔の　山のみどりに　囲まれて
つづみの滝のなるところ　天地の愛に育くまれ
人の情に　心とく　ああ　わがホーム　あいじえん

二、とどろくひびきは　父の声　やさしくうたう　うぐいすは
みめぐみ深き　母の声　気高き姿の　花々は

三、やさしい心の　友垣よ　ああ　わが力　あいじえん
みほとけさまに　とこしえに　しづかにいます　龍蔵寺
かわいい子等をみまもりて　強く生きよと　のたまいぬ
仏の胸に抱かれて　ああ　わが光　あいじえん

吉敷愛児園三十周年を祝う会

昭和五十四年十月二十一日は、園の創立三十周年を祝う会だった。それは講堂の落成式も兼ねた。目覚めて外を見ると快晴。思わずブラボーと叫びたかった。

早々と会場に足を運び、佳き日のために講堂は紅白の幕が張りめぐらされて、華やいだ風景。この日のために早くから何度も打ち合わせ会を開き、式をしないで、祝う会と趣向を思い切って替えた。

講堂の中は黒幕で、電気を用いず、照明にライトとろうそくを用い、ムードのある会にした。ご馳走は途中でバタバタしないように、なまもの以外はテーブルにセットされて、各テーブルに低い花を生け、その中にろうそくが点っている。くだけた和やかな会、肩のこらない会にしたいと工夫をしたものである。司会は元テレビの女性アナウンサーを頼んだ。慣れない場で時々トチられ、ハラハラしたのも愛嬌があった。物故者への黙禱の時は、園のためにひとかたならぬ尽力をして下さった今は亡きお一人ずつの顔や、在りし日の姿を思い浮かべ、さすが感無量だった。

私は三十年の節目の記念にちなんで、五月の花の藤の花のドレスに、藍綬褒賞の勲章の略式を胸にそっとつけた。法人理事さん方へ、永年の功績をたたえ表彰状を贈った。その時受けられた方の何と感激に紅潮したお顔。私より偉い理事さん方が、心から喜ばれ、かえって私が恥じたい思いだった。一番感激された吉村好人さんは、法人発足時の理事さんで、本当に今日の日のために老体をおして出席され、その嬉しそうな顔が印象深い。三十年の節目の会の意義を感じた。堀市長様、県議会議長様、小野会長様も早々とお出ましいただき、県知事夫人もお忙しい中を開会直前にかけつけて下さった。彰子夫人のお言葉に「園長先生もこれから次第にお年を召しますから、どうぞ園の皆さん、大事にして上げて下さい。お願いします」と女性らしいいたわりの心遣いが私の胸にこたえた。どんな美辞麗《びじれい》句《く》や型通りの祝詞よりも、私には素朴な温かさがありがたかった。

児童劇の「花咲じいさん」、幼児から知り尽くしている劇であるが、照明を使い、舞台装置、特に桜の花に大変工夫されていて、「枯木に花を咲かせましょう」と言った瞬間、パッと一斉に大木の桜の花が咲き、たれ幕がサッと下がり、「三十周年おめでとう」と書いた文字を見て、「アッ」と一同息をのみ、拍手が鳴りやまなかった。私はこの趣向をその時初めて見た。「有り難う」本当に皆さんの総力で、三十周年を祝う会が無事盛会裡に終わった。

吉敷愛児園30周年を祝う会。懐しい昔話はいつ果てるともなく続いた

思いがけず卒園生が、遠く東京、京都と各地から馳せ参じてくれ、感激だった。裏方で徹夜でご馳走を造ってくれた卒園の板さん達、有り難う。みんなの力で会が一層実りのある催しになった。三十年、短いようで永い歳月なのですね。あのいたずら盛りだった皆さんが、もう一人前の大人になって一家を支えているのですから……。

会が終わった後の卒園生との話は尽きず、懐かしい昔話しは、いつ果てるとも知れず続き、私は胸がいっぱいで、その日何ものどを通らない有り様だった。福祉も人と人の絆だと、ひそかに思った佳き日だった。

第一回アイリンピック開催

実は終戦後、米国進駐軍岩国部隊の招待があったり、山口駐屯の陸上自衛隊の教育大隊の方の慰問が多く、堀田赳教育大隊長時代、積極的に隊員にボランティア教育をされ実践された。幼児のためのプールを滝から落ちて流れる木崎川の水を引入れて造って下さった。炎天下、隊員の額から流れる汗のしずくを子供たちは毎日のように眺め、期待に胸をはずませ、完成した時の喜びは子供心にも大変大きいものがあったようだ。待望のプールで水着で泳げる。それも園内なのだ。子供のはしゃぎ声が賑やかであった。そして、大きい子達は働くことの意義を肌で感じたと思う。それは昭和三十年代末のころである。ある時、私は愚息を連れて自衛隊を訪ねた。教育期間の三カ月でさなぎから蝶々に変わる、その変貌を見て何か秘訣があるはずだと、じっと眺めては考えたものである。

堀田大隊長さんと雑談をしているうちに、ふとひらめいて、山口県内施設の合同の運動会を開催したいと持ちかけた。そのころ、まだ県ではそんなゆとりもなかったのか、機が熟さなかったのか、一回もなかった時のことである。「大隊長さん如何でしょう。自衛隊の中は広いし、これだけの隊員さんがいらっしゃる。一つ合同運動会を開催する企画をたてて下さいません？」。とうとつな私の一言に一瞬びっくりされ、しばらく沈思黙考された。「先生は大変な課題を私に出されましたね」と驚かれたが、「考えてみましょう」とおっしゃって下さった。それは大隊長の腹、信念にかかっているが、それでも大隊長といえども一存で出来ることではない。私もかねて考えていた夢を話しただけで、県内施設合同となると私の一存ではどうすることも出来ない。早速、県児童家庭課に行き、当時の吉松係長に話した。丁と出るか半と出るか、サイコロを振ったようなものであるが、それが実現の運びとなった。昭和四十一年五月五日、子供の日である。当時の新聞をくって見ると、第一回アイリンピック開催、として次のことが記事になっている。参加施設二十四施設。参加人員百五十人。橋本知事様が宣誓をされたと記されている。山口陸上自衛隊の教育隊員四百九十名が、里親になって下さった。

その日はどんよりした曇り日であったが、初めての合同運動会というので、県下の施設が貸切バスで続々と隊の門をくぐった。各施設ごとの場所も決まっていて、次々と運動会のプログラムが繰り広げられた。隊員さんの温かい心遣い。さすが徹底した教育がされていると、隊員と子供の交流を嬉しく眺めた。プログラムの終わりごろ、ポツポツと雨が降り始め、あっという間に大雨になった。各隊員さんがご自分の雨具を取りに走られ、一人一人の子供に羽織らせて下さる。見ていてじんと涙がにじんだ。両方共親もとを離れた者同士が温め合う心の交流。この運動会を思い立って良かった。大変なご苦労をおかけしたが、隊員さん方にも良い体験だったと私なりに思ったものだ。運動会も終了。各施設の子はバスに乗りこみ、次々と発車する。隊員全員が両側に分かれてどしゃぶりの雨の中をいつまでも手を振って別れを惜しんで下さった。バスの中の子も盛んに手を振り続けている。見送る私は雨と感激の涙にむせんだ。運動会、それは人の心の温かさを身にしみて感じた点で、二度とない良い思い出になったと思う。県の吉松係長さんと共に、数日して隊にお礼に行った。三人共「良かったですね」と大きい重荷をおろした安堵と、開催して良かったという、何ともいえない満足感にひたった。

翌昭和四十二年から、県主催の第二回アイリンピックが開催され、昭和六十三年は第二十一回目であった。県主催になって、現在は維新記念公園競技場が会場で、約五十施設が参加するほどに盛大になった。

アイリンピックの名称は山元公道氏が元児童家庭課長時代に、愛のオリンピックをもじって名付けられたと聞く。山口県独特の名称である。

新園舎全面改築工事

古いバラック建ての園舎は、日照時間も短く、子供の健康にも良くないし、一部屋に十二、三人同居させることも、情緒的に落ち着かない。しかし、適当な敷地が無かった。農地改革前は私の田であったが、すでにAさんの田になっていた。幼児棟は代替地の交換をして建てた。本館を日当たりの良い地に建てたいと思い続けていた時、理事会で林理事さんが思いがけない好条件を出して下さった。(このことは林理事さんの項で記したので省略する)

さて、設計を地形に合わせてどうするか。その時、昭和四十四年、湯田保育所開園式で湯田今井町の伊藤さんが一枚の名刺を出されたのが、息子さんである設計士の伊藤充規さんであった。まだ無名の若い設計士。思い切って斬新《ざんしん》な設計をしてほしいと思い、お呼びして敷地を見せ、設計の概略の線を引いてもらった。地形を生かした面白いものであった。採用することにして、上京の際、夜を徹して居室の内部の一つ一つまで、私の希望を述べた。若い無名の人にかけたのである。

　県に設計図を持って行くと、宮原好みの設計と評された。一部屋に四人。各部屋の外に洗面所を設け、外から見ると一部屋ごとに独立しているように見える。二段ベッドを二つ備え付け、下を物入れに利用、同じ部屋にベッドと畳の部屋を作った。畳のところに勉強机やこたつも置けるようにと考えた。中に和室の居室も取り入れた。

　今見ると確かに狭い。しかし、廊下を思いっ切り広く、施設特有のせせこましさを感じないよう考えた。洗濯機、流しも置き、自分の衣類は出来る限り自分でしまつするように、訓練したかった。流しのそばにコンロも置き、ちょっとした調理も考えた。四十五年三月完成した時は、あかぬけした新園舎に子供は大喜びで引っ越した。厨房も工夫したつもりであるが、次々と改善していった。残念だったのは山から流れる水の処理が、十分でなかったことである。山のそばの家には特別な水の処理がいる。建築補助は国庫補助であったが、多額の自己資金に苦慮した。その一方法として、後援会「愛児の会」を結成し浄財を募って下さったのは、県議会議員の野原清司さんである。ご多忙の中をよく尽くして下さった。

　園舎のそばに小川が流れている。道に出るために橋をかけた。そして、安全のためにフェンスを川側につけた。斜面で危ないのである。そのフェンスは、見ていると、もっぱら布団干しに利用されている。園舎は南向きなので今度こそ日照は長い。特に居室の明るさを強調し、設計はその辺もよく出来ていた。襖の柄一つにも目を通して、家庭の味を出すのに気を配った。また、各居室の壁を布張りにした。これは湿度の高いこの風土では、長持ちしなくて、何度も張り替えた。湿気には廊下の結露に長雨のあとは大変な水がでて、今も苦労している。園舎の下を掘って土管を入れたり、いろいろ試みたが、解決には至らない。

子供の育つ環境を良くするために、職員は花を絶やさず、花鉢があちこちに美しい花を咲かせて、和ませてくれる。

図書も良い本が書棚に揃っているが、現代っ子は、読書よりカセットかテレビゲームが好きで、次から次と目新しいものを求めている。

旧園舎、そして今

三十年からの園舎はすでに述べたように廃材を使って建てた園舎で、借金で建てたので使ううちにガラス戸もガタビシとしていた。建てる時、集団ではない、一軒ずつとわざと廊下を付けず、下足をぬいでの各部屋にした。見ているとズックをひっかけては、部屋の行ききのはげしいこと。見かねて廊下をつけ屋根をつけた。廊下はまた、遊び場である。当時私の持論は、子供と職員は寝食を共に、であったから、保母の居室は子供の部屋の隅にベッドを置き、カーテンを引くだけだった。だから二十四時間勤務同様である。

今思えば息を抜く暇もゆとりもなかったと思うが、慣れるとは不思議なもので、どの保母さんも当然と居室の子との絆が固かった。私はそれまで手中にあった子を取られたようで、当分気が沈んだ。それから十五年目に新しい園舎になり、八時間勤務に変わった時、それまでいた保母さんは、私とおなじ思いをされたと思う。親は八時間勤務なぞいったら、子供は育てられない、なのに一日八時間。これからの勤務は週四十時間まで短縮される日がくる。猫の目のように勤務する人が変わる中で、子供は正常に育つだろうか？　四十年近い養護の流れを見ていて、これで良いのか、国はそれでも良く育つと、机上論で考えておられるとしたら、昔の子と比較されたらよいと思えてならない。合理化で子供は育ちはしない。学校ではない、家庭に代わる場が養護施設なのだ。

確かに働く人は職業人である。けれど何のためにこの仕事を選ばれたか。自分の担当の子の好ましい成長こそ、職員にとって最高の喜びであり勲章だと思う。

今、先進施設でグループホームを実施され、小舎制を真剣に考えられ実施されている。出来ることなら私もそうしたい。子供にとって集団生活はデメリットの方が大きい。園は四人部屋。しかし、落ち着いて自分の生活時間を営める子はよいが、ともすると雷同しやすい。人間はひとりで考える空間が、ある年齢になると必要と思う。団体旅行で得るものと、一人旅で味わうものとは、大きい差がある。自立をさまたげる要素は何だろう。意志の弱い子ほど仲間を欲しがり、自分で考えようとしないで衆をたのむ。

〝愛児園魂〟を継承しようと、子供自治会を育てたころと現代っ子は様変わりした。昔かたぎが通じないのは、時の流れなのだろうか。さまざまな変遷を経て四十年も間近。将来をめざして努力する子と、まるで先の読めない子と、個人差は大きい。

今日も幼稚園児から高校生まで、「ただ今」と帰ってくる。テレた顔、楽しくて、面白くてと嬉々として帰る子。甘えん坊で、「あのネ、あのネ」と話をする子。しっかり目を見て、「お帰り」と言わないと、安心しない子。一人一人の表情を読みながら、私は机でペンを走らせる。心の中でしっかりと根性のある子に育ちなさいよ、と祈る思いだが、いつか大人になったら分かるだろうか。

母子像建立

たらちねの母さえ見捨てしこの子にも　幸残れりと頬よせて抱く

このうたは三十数年前詠んだ拙ないうたである。古いアルバムに幼い子を抱いた写真が今も残っていて、郷愁にも似た思いで眺めることがある。その子も今は一児の母としてしっかりと人生を歩んでいる。

このたび、日本の彫刻界では第一人者と言われている北村西望先生作の母子像を園内に建立した。素朴な慈愛にみちたお母さんが幼児を背負った像である。そのお母さんの何とも優しい慈母のお顔の深い温かさ、見る人のこころの琴線にふれる味わい深いものが漂っているそのお顔と姿にひかれ建立した。この像を園の子供たちに、是非見せたい。人情が育つのは母と子の絆、肌のぬくもりからである。誰も母親から生まれ、幼い日にはきっとこんな光景があったのだと毎日通りすがりに温かいものを感じてくれたら嬉しい限りである。

さて、近時、新聞やテレビ等で報じられる殺伐たる事件や、荒廃した子供の問題を読むたびに胸が痛む。

「ローマが滅びたのは飽食が原因であった」と。飽食にも共通する物資の豊かさ故の人情欠乏症が今、日本中にみなぎっていないだろうか？

素朴でよい、平和な日本に生まれたことを感謝し、毎日を心楽しく生きて欲しい。今という時は二度とこないのだから……。

母子像のお母さんのお顔、優しいでしょう。

—愛児園新聞S59つづみより——

全国養護施設協議員として

平凡な地方の一施設長、それも女性園長が十数年にわたって、中央の役員として、また委員として、ずいぶん学び、毎年のように大会の役を受け持った。はたで考えるより、当事者の役目は重い。大会が終わるまで重責を担って、心の休まる間もない。なんと長い間、毎年毎年よく頑張ったと思う。おかげで少し事の次第と養護の流れを一足先に学べた。厚生省の方々とも会議で度々お会いした。良い勉強をする機会に恵まれたと思う。仲間の先生方と親しくもなれた。その一面、男性化したこともいなめない。女性であることを意識したこともないし、仕事の上では対等である。中央の会議などで、何の気兼ねもなく発言出来るのは、われながら不思議議である。水を得た魚のように、テンポの早い無駄のない会議も、中央ならではの水準の高さと思う。もっと女性が進出してほしいのが、私の願いである。まだ女性特有の消極的な面を感じる。育児こそ女性の分野、自信をもって出してほしい。実力者はまだ地方に潜在していると思うが、永く続く人が少ないのが寂しい限りだ。

日保協山口支部長として

これはご縁だと思う。二十余年前から厚生省の母子課長時代の岩佐課長を紹介され、同じ戦争未亡人として相通じるものがあったのか、ずいぶん可愛がっていただいた。山口県で支部結成。あれから十六年が経過した。なんにもわからない私が、支部長として何とかやれるのも、会員の園長先生方のご協力のおかげであり、本部の常務理事が橋本先生で、元厚生省育成課長であることを知っていたし、度々会議に出る度に、特に家族的で温かいのも魅力なのだと思う。

海外派遣研修会に、永年勤続表彰に、毎年選出されるのも、会員の大きいメリットである。特に研修に力を入れられ、国庫補助事業が多彩である。保育界は時代のニーズを先取りしての研修、今年は二十五周年記念行事がある。二十周年のあの華やいだ式典、パーティ、あの日出席した岩国の藤野先生、潤間先生は亡くなり、互いに年を重ねている。若手の養成をする事が私たちの役目。後任を育てたいと切に思うこのごろである。

全国養護施設長研究協議会を引き受けて

順番に引き受ける全国の施設長研究協議会が、昭和六十年十月にとうとう山口県引き受けに決まった。

それは開催より二年前の北海道大会のころであった。私は重責を負わされた。実行委員長である。全国五百四十弱の中、四、五百名の施設長が出席される。前年は神戸市であった。

大都市から十一万都市の小さな町、湯田温泉は、考えるだけで規模が違う。充分な会場もない。早速、県、事務局と相談し、実行委員会を開いて、研究紀要の編集委員と運営委員会に分かれて、何度も何度も会合を開いた。まず、釘をさされたのは「この会では先生は役を受けないで下さい」と、裏方に徹することを県から申し渡された。私は全養協の調研部委員で、全養協班なのである。「総テーマ」部会の骨組み作りには出席しなければならない。会の流れを知った上で、裏方として落ち度のないように分担を決め、当日のみかじめをするのが役目である。開会式には厚生省から児童家庭局長と堀児童家庭課長も菅原係長も来られた。

前夜は副知事さんのご接待で私もご招待を受けた。ニュータナカの和室である。ふと県課長さんが「宮原先生は床柱を背にされて」とおっしゃるので、見れば席の都合で床柱を背負っている。接待者側の御指名のままに座ったのに、意地が悪い、そのあとの何と居心地の悪いこと、ビールをつげばふたをつけたままついでいるのだ。ヤレヤレ馴れぬとは困ったものだ。

本番は宿舎のこと、接待のこと、各助言の大学の先生方の扱い、等々、毎年顔を合わせているので気は楽だが、最後まで手落ちは許されない。当日の実働隊の若い指導員、保母さん方の雑用の多いのには申し訳なかった。だが私について来て下さる気持ちでいて下されば、会はスムーズにゆく。その点、頭の下がる働きぶりだった。三日間緊張の連続だった。

他県よりは見劣りはしたくない。それは全国会長の小野会長が山口県の会長であるゆえに、一層の面子があるからだ。引き受けた全員の心を一つにしたおかげで、盛会裡に終わった。パーティーで当法人三保育所の保母さん三十名が揃いの市のハッピでちょうちん踊りを踊った。意外なほど受け、大拍手。松島初代会長がさっと私の所へこられ、「先生心があります、感激しました」と、両手で握手して下さった時は、苦労がむくいられたと嬉しかった。分かって下さったのだ。

私はパーティーの開演まで会場でリハーサルを何度も何度もして、二つに分かれて入る歩調を揃えた。懸命に踊る姿は真剣だったし、のびのびと踊ってくれた。踊りつつ退場して控室にみんながかえっていった時は、私は心から労をねぎらった。「有り難う、面目がたちましたよ」と。

着替え終えたあとの姿はいつもの保母さんにもどっていた。聞けば「本当に法人の保母さんですか?」と何度も念を押されたそうだ。「皆さんきれいな方ばかりですね」とも言われた。

明るく、あいらしい。愛嬌のあることは、幼い子供にとって魅力である。理屈ではない。好きな保母さん像を母親に代わる人として、子供たちは求めているのである。三日間のあいだには思わぬハプニングも裏方ではあったが、参加者はぜんぜんご存知なかった。東京での反省会で思わぬほどの好評を聞き、本当に安心した。初めて引き受けた大きい役割だったが、大役を果たした喜びは大きかった。

そして、会長をはじめ実行委員の園長、指導員、保母さん方も責任を果たした安堵と団結の力の大きさと、成就した喜びは大きい財産になったと確信している。

ある日の感慨

樹齢千年を数える天然記念物の大いちょうと錦織りなす紅葉が、木洩れ日に刻々と変化する日々、そして冬枯れの落ち葉を踏む日がやがて来る。

今秋は思いがけなく「中国新聞社社会事業功労賞」の栄を受け、久方振りに広島を訪ね、夕刻平和公園の原爆ドームに詣でた。

二十年前は人影さえまばらで寂しかった平和公園が、今は目を見張るほど美しく整備され、ドームの前に千羽鶴がうず高く供えてあり、神妙に合掌している修学旅行の生徒たちの姿に接した。日本も豊かになったと思う。平和を願う若人の姿は美しい。側に色とりどりに咲き乱れた花壇のバラの美しさ、ふと私の脳裏に、戦場に征った若者はあの時代、こんな美しいバラを見て征ったであろうか？　という思いが走った。

私の亡き主人も広島の部隊に入隊し出征した。後ろ姿を見送ったのが最後の別れであったが。悲惨な時の流れに散った人達、散る桜、残る桜も散るさくら。

変動の時代に生き、明日は、この広島の地で栄えある賞をいただくそのことに、何か不思議な縁を見た想いがする。

式典の際、ずしりと思い表彰状と記念の牌をいただいた瞬間、正直「カツ」を入れられたような厳しさを感じた。中国新聞社社会事業団の意図は、言外にこれから心新たに社会事業のために一層頑張るように、とあるのではなかろうか。

かつて当園の子の精神里親をして下さっていた、中国新聞社の池田記者さんが、休暇なのに、早朝お祝いにきて下さり、帰途自家用車で広島駅まで見送って下さったご親切、人間のえにしの不思議さと人の情けのしみじみ身にしむ佳き日であった。

共に生きむ
子等のたすけで　受賞せし
牌の重みに　心新たなり

—愛児園新聞S57つづみより—

菊かおる

それは思いがけない一本の電話で知らされた。昭和五十二年の九月ごろだった。「宮原園長先生ですか、こちら、県の〇〇ですが、実は先生に藍綬褒賞の御沙汰がありましたが、お受けになりますか?」「えー?」と言ったが、唐突な話に私も何のことか、一瞬耳を疑った。「申し訳ございません。もう一度おっしゃって下さいませ。耳が遠くなったのか聞きもらしました」。県の方はもう一度同じことをおっしゃって下さいませ。「はい、よく分かりました。謹んでお受けします」と答えた。「これはまだ正式通知がくるまで、内聞にお願いします」と電話は切れた。さあ、それから私の頭の中は真っ白になって考え込んでしまった。「はい」と答えたものの、私はあまりの栄誉に驚きとまどった。果たしてこの若さで受ける価値があるのだろうか。その日から自然に振る舞っているのに、さすが息子は私のふさぎ方に疑いを抱いたようだ。「何か心配事があるのかね?」と尋ねた。別にと答えた。それほど私にとっては青天の霹靂《へきれき》であったのだ。そして正式の授章の内示が十月下旬にあった。

時に私は五十八歳。昭和五十二年十一月三日付である。

十一月二十八日。晴れの受章の日。早朝、ホテルの七階の窓から眺めた真っ赤に燃える朝日の何とも形容しがたい神々しさに合掌した。あの強烈な情景は印象的で、今も心に残っている。

会場は正装した受章者の方々でいっぱいである。黄綬、藍綬合わせて百六名。その配偶者、付き添いの方を合わせると二百名近い。どの方の顔も晴々とした中にも緊張がみなぎっている。生涯を保健衛生や社会事業に捧げられた年輪が顔に刻まれていた。授与は石本茂厚生政務次官から、一人一人に渡された。日ごろよく存じ上げているので、ごあいさつをして拝受した。会食後、皇居で天皇皇后両陛下に拝謁。有り難いお言葉を賜った。皇后様はお腰を痛められ、例の皇后スマイルは見られない。さぞかしお辛い中のお出ましと思った。

皇居内を約一時間かけて歩いたが、ここは夫婦で散策できる。バスで隣にいた老尼は、保育所五十年勤務の方だった。私はまだ若輩なのにと少し恥ずかしい。一番私の心の中で寂しかったことは、亡き主人と共に、この日を迎え得なかったことだ。辛い時、耐えることには慣れているが、栄えある日に苦楽を共にしない独歩の人生の苦渋を一時間の間、身に感じつつ広い皇居内を見学した。

昭和三十年代の皇居と異なり、清掃奉仕の方も入られ、見違えるほど美しく掃き清められていた。両陛下の玉体の御健勝を祈りつつ、苦難の戦後を見事に乗り越えられた天皇様

藍綬褒章祝賀会

の温顔の中に、人間としての心労の深さ、温かさを改めて感じたことである。

ホテルから見た早暁の日の出を拝み、帰途は夕日に送られてホテルに無事着いた。

この日の栄誉は私のモニュメントとして心に刻んでおきたい。創立の原点にかえって私の心は誠に謙虚になっていた。

法人役員のプロフィール

吉敷愛児園が社会福祉法人化したのは、昭和三十年だが、すでに早くから役員会の構成をしていた。施設は私有物ではない。私一人がどんな考えを持っていても、一人の知恵は限られている。「万機公論に決すべし」の思想は、まさにその通りで、私は人の知恵をいかに多く活用し、参加の輪を広げ得るか、それが事業をする鍵と思う。時に賛成もあるし、反対もある。その空気を見て多数決にする。機が熟す時を見究める能力は、経営者の一番大事なことではなかろうか。また新しい事業に取り組む時の勇気と決断力も、まず私が燃えなければ、人は燃えない。自分を燃やすエネルギーの蓄積には、体調を整えること、多角的に本を読んだり、広い視野で夢を持つゆとりが必要だと思う。人の意見に耳を傾ける柔軟な心を大切に、自省し続けたい。

事業は計画性があるから成るわけではなく、水の流れのようによどまなかったからだろうが、初代理事さん方の中には、現在を予想された方は一人もいらっしゃらなかったと思う。また借り入れの保証人の捺印をする責任に、進んでなりたい人はいないと思う。それでも愛児園の理事になって下さったし、経営陣に入って一役買われた。初めのころは正直のところ理事長以下手さぐりであった。会を重ねるごとに少しずつ理事会らしい、議題にそっての真剣な討議が交わされた。四十年を振り返って、各理事さんの顔ぶれは多彩であった。また、真面目な方を厳選したことも、ガラス張りでできた。特に借入金の保証人に、初代からではないが、青木健治弁護士さんが入って下さって、「保証の印はまず僕が押します」と率先して保証人になって下さったことは、すべてを有利に展開させた。

青木先生を存じ上げたのは、県児童福祉審議会に短期間籍を置いた時。この方こそと思い理事の就任をお願いした。以後今も「僕は愛児園以外他の理事には一切なりません」と言って下さる。ご多忙な中をサッと風のように来られ席につかれ、ポイントを押さえて質問され、意見を述べられる。また、終わるとさっさと席を立たれる。今では一番長い任期の理事さんである。私より少し人生の先輩であるが、気持ちは万年青年であり、ボーリング大会で徹夜されたり、優勝杯が家も狭しと飾ってある。昨夜久々に奥様から電話があり、用件がすみ雑談に入って、奥様も先生のテンポに合わされるのは大変ですね、と申し上げると、「そうなんですよ」と乙女のような可愛い声で笑っておられた。

初代の新田義夫先生は評論家である。いつどこで勉強されるのか、世界情勢を分析されて話をされる。報知新聞記者時代に身につけられたものであろう。今は悠々自適、奥様と海外旅行をよくなさるようだ。理事時代、的確な判断のアドバイスで助けていただいた。

吉村好人さんは、吉敷の民生委員協議会長であった。おだやかで、ひかえめ。三十周年記念式典の席に出席され、本当に懐かしそうだったのが印象深い。

中原寿子さんは当時婦人会長で、私が未亡人になった時、未亡人の生涯のけわしさをご自分の体験から話され、思いとどまらせようとアドバイスされたが、結果的には意に反してしまった。女同士の親しさで、よく相談にのって下さった。あの世で、若くして亡くなった御主人と再会されているだろうか。

佐々木房雄氏は、開園当時すでに県社会福祉協議会の名称で事務所が古い県庁内にあった頃からお世話になった方である。里親施設としての環境を下見された時、お寺の庫裡は日照が弱いと反対された。確かに充分とは思っていなかったが、里親登録もして施設の認可がおりる時、当時のお金で一金五十円の補助金を出していただいた。当時の五十円は今の五十万くらいだろうか。それでも改造費にお金がかかり、発足から経費面の苦労はずっと続いた。この方は県社会福祉協議会の生えぬきである。

予算対策にも各業種の方と共によくご一緒した。重宗参議院議長室に通され、座談のうまいのに舌をまいた。岸総理が引退されて間もなく、十数人が事務所に行って、一時間以上もお話をお聞きしたことがある。佐々木氏の根回しだったと思う。後に園の監事さんにお願いしたが、何しろ経理にくわしいのに閉口したこともある。石橋をたたき、なお渡らない私も、その上をいく氏の読みの深さには敬服した。今は任期が終わり、いろんな役職も減らされて、毎年海外旅行に余生を楽しまれている。

国重賢亮理事は日社大を卒業後、愛児園の指導員として、二十数年共に働いた。家庭を省みるいとまもない創立直後で、十対一のころである。なっぱ服を脱ぐ暇もない。子供と一緒の生活だった。

私の片腕として子供に接したが、浮浪児の無断外出を探すあけくれであった。当時は車もなく、ヒッチハイクで手を挙げてはトラックにでも飛び乗るのだった。ある日探している子供の姿が遙かに見えたそうだ。車をとび降りて行って見ると、なんとそれはカカシだったと、笑えない苦労話が毎日のようにあった。

国重理事は五十一年から新設の平川保育所長として就任。県保育協会の理事として、また山口市保育協会長、宇部短大の非常勤講師として、幅広く活躍している。幼い日私について遊んでいたのに、お互い年を重ねたものだとつくづく思う。警察もよく協力された。ある子は大津まで無賃乗車で行っていた。それくらいのことは当時の子には朝めし前だった。帰ると万引きはする。警察とも私たちは当然仲良しになっていた。それほど毎日が子供との戦いである。

面白おかしく世を渡り歩きたい子供を、なんとか落ち着かせたいと、あの手この手を使った。それほど浮浪児は野育ちだったが、骨があった。

今の子の中には意思薄弱、もやしっ子に見える子もいる。世相なのか、過保護なのか、遊び志向なのか、苦しい時代に共に働き、共に食べ、苦楽を共にした子との心の絆は強かった。今は子供によっては働くことは嫌い、遊ぶこと、自分の好きなことだけに興味を示す者もいる。忍耐力がないのは悲しい現象だ。かつては入所理由が単純だったが、今は曲折して、さまざまに原因がもつれている。子供も将来の目標を模索してとまどっていると思える。私達職員は処遇のポイントを押さえる養護の力を、今こそ養いたいものだ。職員は若い。一途な人生、悔いのない人生をと願う。男の子も一人一人になると良い子なのに、集団になると雷同性を示す。仲間を頼り、仲間を誘う。一人では出来ない。自立がおそいのだろうか。

卒園して二、三年経つと子供は頼もしくなる。それぞれが自己確立をして、仕事に生きがいを持ち、新車に乗ってさっそうと帰省する。顔が輝いているのだ。永い目で見よう。今は育つ過程なのだ。かいこが徐々に成虫になり、まゆを作るように、三十歳、四十歳ともなると、きっと良い社会人になり、お父さんになってくれるだろう。

故宮崎匠先生を存じ上げたのは、まだ当園が軌道に乗っていない昭和三十年前後だった。そのころは、資金繰りに追われ続けていた。当時は、措置費制度も低くて国庫の建築費補助も一切ない時代である。そして、県教育委員も選挙制であった。先生は当時、教育界から立候補され、教育委員になられていた。愛児の塔の募金も宮崎理事の発案で、一銭募金をして、建立することが出来た。ある時どうしても資金不足で借り入れを余儀なくされた。

宮崎先生は実に頭脳明晰な方である。私はその時全然知らなかったが、他人の連帯保証をされ、そのためご自分の持ち山を売却された直後だった。園の借り入れ保証人になって下さるようお願いしかけると、突然小声でそのことを告げられ、家内が心配するから筆談でとおっしゃる。口のきける者同士が、隣の部屋にいらっしゃる奥様の心を慮って、筆談での会話である。申し訳ない思いだったが、あっさり保証でなく、数日して用立てて下さった。毎日々の生活が苦難な時代の今思い出しても笑えない本当の話である。先生が急に病の床に伏され輸血が合わなくて、黄疸で亡くなられた。園のために純粋にご協力下さった先生を失ったことは、園のため大きい打撃だった。それから奥様は息子さんの家へ同居されるため上京されることになり、お別れにわざわざ訪ねてこられた。形見分けのお心か私に婦人用の肌着を下さった。

宮崎匠先生の言葉で強烈に残っているのは、開園間もなくの理事会で、「園長さん、貴女は電信柱にでも頭を下げなさい」と言われたこと。選挙の立候補者はバスにまで頭を下げる気持ちがなければならないとか。その言葉を思い出した。私は票をもらうわけでもないのに、と内心反発するものがあったが、考えてみると小さな駅の駅長の娘でも「お嬢ちゃん」と言われて育った自意識ほどこわいものはない。いつの間にか、田舎道を歩いて田植えをする人にも、会釈するのがそのころの近所づきあいなのだ。それなのに内気な私は社交下手で、身をかがめるように急ぎ足で歩いていた。きっと頭が高いと誰かが陰口を言ったに違いない。

まさか電信柱にまではおじぎをしなかったが、よく会釈をして、早く農村の空気に慣れようとつとめた。でも、今でも近所歩きはしない。時間が無いし、人のうわさ話は無意味なことだと思うからだ。
話がそれたが、先生の奥さんは後添えで、先妻を亡くされ二人のお子さんを先生はおぶって、教壇に立たれた苦労話を笑って話しておられたが、庶民的なザックバランな先生の面影がほうふつとしている。面倒見の良い方だった。奥様とは、それからも永い間文通したが、今はもう故人になられたと思う。年賀状がこなくなって久しい。

林伊吉氏は吉敷農協の役員であった。農地改革の時、Aさんの田畑を買い戻すため、それに代わる田と家を用意し、交換をしない限り、現在地へ園舎を建設出来なかった。昭和四十三年の理事会で本館、男女子棟を移転新築するにあたり、どうするか問題になった時、林理事はご自分の一等田を提供し、ちょうど売りに出ていた家を斡旋して下さった。ご自分の一等田を提供されることが、田地持ちの方にどんなに大事なことかを知っている私にとって、それは大変な勇気と決断のいるものであるかを知っている。それをサラリと受け入れ、実行して下さった。本館建築は林理事の義侠心で成り立ったようなものである。一生忘れられない恩人である。Aさんはそれでも名残りを惜しんで立ち退いた。今、上東の一番良い地を林さんから安く買い、自分の家も新築したと聞く。今までの耕地の良い田地はそのまま残してある。林理事は、その上預金がないと自己負担金がないと見られるので、ご自分の通帳を担保の形で出された。出来ないことである。田地と通帳を出して下さって、契約も済み、それから間もなく林理事は逝去された。恩人を一人失った。葬儀の間中、口の中でお経を唱え続け、ご冥福を祈った。素朴な人柄の中に、いざという時には頼みになる方だったと、亡くなられてその存在の大きさを改めて感じた。全国の社会福祉法人の理事会は形骸化したといわれるが、当法人の理事さん方の献身のおかげで、ここまでこられたのだ。各理事さん方の功績は大きい、と改めてお礼を申し上げたい。

県議会議員の故三輪十二さんは、兼行市長さんが企業局長時代にご紹介くださった。三輪十二さんはいかついお顔に似合わず、度量が広く、実に優しい情けの厚い方だった。それがある日突然つづみの滝を見物にこられた。帰り際に私はいつものように、またどうぞお参り下さいませとあいさつをした。その翌日、また他の方を伴われ菜香亭のお弁当持参で滝見物にこられた。またどうぞといって、翌日こられる方も珍しい。よほど滝がお気に召したようだ。私のカンでこの方はきっとスケールの大きい、話の分かる方だと思った。そして、何気なく、当法人の理事さんをお願いしたところさらりと受けて下さった。永い間山口市議会議長を務められ、続いて県議に当選され、市民の信望も厚く、何しろご多忙であった。過労のためか突然病にたおれられ、入院。早速、同期の村上藤子理事さんとご一緒に病院にお見舞いした。当時の橋本県知事さんと兄弟の盃を交わされた仲とのことで、いろいろ秘話を聞かされた。私も園のことでご相談に伺ったのだが、思慮深い応答に、さすがと感服した。その頃いろいろご相談したものだ。そして退院。また入院され、若い命を燃焼し尽くされたのか、逝去された。葬儀の花輪が何丁も続いていた。その盛会さはまれにみる光景だ。県の政界にある方なのか、湯田の芸者さんのきれいどころがたくさん参列され、皆ハンカチで涙を押さえて別れを惜しまれる姿が印象深かった。男は度胸というが、男の中の男だったと今にして思う。

男同士の仲好しだった橋本知事さんも、それから何年かして同じご病気とかで逝かれた。あの世で仲睦まじく世間話でもしていらっしゃるのだろうか。

なんでも本音でご相談できる惜しい理事さんを失って、当分私も気分が沈んだ。短い期間の理事さんだったが、園にとって巨星墜つの感がぬぐえなかった。

今、親子二代目の若い市議の三輪正明さんが理事の一員として協力して下さっている。

前住職であった主人と、小学校の同級生だった古野隆行理事は、吉敷赤田の人で、前にも書いたように、主人の戦死の公報を届けにこられたそのころからのご縁である。市役所を退職後、今は市の社会福祉協議会の会長である。当法人の理事としても任期は長い。施設の内容もくわしいし、四施設の共同募金、その他補助金関係にも関連が多く、また一日一泊里子等、年間を通していろいろと打ち合わせ、ご相談をしている。清廉潔白な人柄は社協会長として信任は厚い。法人も地元の理事さんとして、事情にくわしい人がおられることは何かと安心であり、地元とのネットワークとして貴重な存在である。ますます御健勝で理事としてのご活躍を願っている。

松岡雅氏は、吉敷佐畑の滝河内の同じ班の元老である。旧家であり、昔、寺の総代であった。ずいぶん前に県庁を勇退された。亡き主人が県庁に勤務できたのは、氏のお口添えと思う。面倒見の良い方である。長寿であるが、徒歩で今も寺の法会、催し物には必ず顔を出され、親身なアドバイスをされる。生き字引的存在。園の初代監事をされた。宴席の氏の演歌のレパートリーは幅広く、心が若いのが長寿の秘訣かと思える。寺の梵鐘供養の行列の出発の宿としての役もお引き受け願った。娘婿は現商工部の佐々木部長さんである。部長さんは若いころ「父に私のことをよく頑張っていると言って下さいよ」と酔うとおっしゃっていた。「あなたは成長株、私の目に狂いはありません」と、そのころから言ったものだ。私の予想通り成功された。人柄の良い勉強家で頭も切れる。気さくな部長さんである。

松岡翁は、今日も法会の帰りに事務室に寄られ、お茶を飲みながら四方山話を一時間あまりして、ゆっくり坂を下りられた。古き時代を語る友も次第に少なくなられたのだろうか。

第七章

翔べ！たんぽぽのわた帽子

乳児保育所創設

長い間養護施設に携わって、子供を育てているなかで、強く感じたことは、幼児期の環境、特に親子の心の交流が少ない子、可愛がられた経験のない子は、どんなに後になって心を尽くして大切に育てても、通じ合えないものがあるということだ。今は胎教の影響がどんなに大切か、科学的に研究され、テレビ等マスメディアを通じて、いくらか理解できるけれど、昭和四十年ごろは、まだそこまで私は知っていたわけではないが、学齢児になった子を預かったとき、どう手を尽くしても、どうにもならない人格形成を見て、幼児教育の重要性を痛く感じたものである。その頃のある日のこと、美容院で、某美容師さんが、「私も、もう一人子供を産みたいけれど、昼間預かって育ててくれる適当な人がいないので、産めない」と、もらされている言葉にハッとした。

普通の人なら聞き流す単なる世間話なのに、私は親代わりの施設をしている子育ての専門家なのだ。この辺で地域の中でお役に立ちたい。できたら生後間もない零歳児から、昼間預かる乳児保育所を……。

専門職を持たれる各種のプロ、例えば学校の先生、美容師、保母さん等に子供が出来たら、女性は辞めざるを得ない。これでは専門職は育たない。また、夫婦共稼ぎをしなければならない人たちのため、母子家庭、父子家庭等、考えていくと零歳児保育は誰でも出来る仕事ではない。山口県下には、当時宇部市と徳山市に市立の乳児保育所があるだけであった。日本の未来のため、ほんのわずかな人でもよい、乳児を健全に育てるお手伝いをしたいと、養護施設の子供を育ててみて、私は思い立ったのである。それからすでに開設されていた宇部の乳児保育所に足を運び、デイリープログラムを読み、赤ちゃんの健康管理、授乳、休憩、その中で保母さんと赤ちゃんのスキンシップのきめ細かさなど、赤ちゃんが命ごと保母さんに完全依存している姿を見た。起きている時間帯の大部分は保育所生活なのだ。だんだん私の心の中で、この重要な仕事をやってみたい思いが日ごとに固まっていった。

紹介を得て、当時入院中の星出宇部市長さんにお目にかかった。いろいろ私の抱負を述べると、「それはよした方がよい。宇部市でも零歳児のために、大変な補助金を出して、やっと経営が成り立っている。法人でやったら、今の措置費では絶対やれません。悪いことは言わないから、やめなさい」と、親切心から念を押された。やめた方がよいと言われるほど、困難な仕事ならなおさら、挑戦してみたい。民間ではやれないなどおかしな思考だと思った。そもそも社会事業の先駆者は民間人である。既成事実が出来て始めて国は法律化してきた。それからの私の活動は、乳児保育所の設置場所を探すことであった。寝ても覚めても乳児保育所の場所のことで頭は一杯であった。毎日、足を棒にしたり、車を走らせて情報を頼りに随分駆け回った。理事さん方も各自あちこち探されたようだ。

なかでも青木健治理事さんは当時、県の教育委員長であり、本職は弁護士さんで、多忙ななかを本気でご協力下さった。探すときは意外に適地がないもので、あせりが出る。

ある日、そぼ降る雨を眺め、いろいろ考えつめていたら、投げ出したくなった。すでに国には乳児保育所建設が申請してあった。県児童家庭課の吉松係長さんに、「もう乳児保育所の設立はやめようと思います」と、電話をした。係長は、「今さら何を言われますか、ここまできて、弱気になってはいけません。何でもいい今から県に話しにいらっしゃい。気分も変わりますよ」と。でも、その日の私は落ち込んで行く気もなくなっていた。

こんなに探して、適地がないのは機が熟さないからだ、止めようと私らしくもなく、弱気になっていた。執着を捨てたら、不思議なことに思いがけなく、二カ所候補地が同時に出た。それが現保育所の土地と湯田医師会館の向かい側の宅地である。甲乙付けがたい適地であった。同じ地価である。どっちに決めよう、地価が当時は坪二万、高かったが当時の相場である。

いろいろ考え、理事さんと相談の上、現在の県庁前に決めた。そのころ、まだ県庁前には田地が残っていた。当然、私も田んぼを宅地価格で購入した。購入した坪数の中に水路も入っていたのには驚いた。

国庫補助の内示が、その年は何故か遅かった。

地鎮祭は積雪を踏んで、忘れもしない昭和四十二年十二月十九日挙行した。スコップを持つ手もかじかんでいた。歳末の忙しい最中で、テントを張り、それに工期も短い。施主も施工者も大変な覚悟のいる厳しい出発である。

当時、確か山口市福祉事務所長の梛良《なぎら》さんとの対話の中で、「これは大きいばくちですね」と私が申しますと、所長さんは、「いいえ、きっとあなたなら成し遂げられるでしょう、自信をもっておやりなさい」とおっしゃった一言が、後々まで私の大きい支えになった。

設計は、故守津一級建築士、施工は村上組、設計図のアドバイスは当時、県建築課の一等建築士の杉山さんのお世話になった。

敷地百六十坪、三百二十万円。当時としては大変な出費である。法人で何とか捻出した。あとは無一物。建物の七百万円は借入金、設備その他備品がいる。

って下さった。

そこで後援会を結成し、今は亡き、市の連合婦人会長の山田由利子さんが後援会長にな

開園を前に電話の全国一千万台記念に当たり、電話は電信電話局の寄贈品である。晴れがましい開通式の模様がテレビで放映された。

乳児保育所創立に際して私が唱えたスローガンは、「地域住民全員参加の保育所」であった。そのため生まれて初めて記者会見を市の広報室で報道関係の人としたのである。

山口市民の方に、「保育所を建てます。全員参加して下さい」と訴え続けた。

市の自治会長にお願いして、当時、古野守人氏は各町内会長さんに奉加帳を回された。まず、県庁にお願いに行った。一金十円也がずらり並ぶ時代であった。篤志家《とくし》は別に個別訪問した。なんと集まったのは物品、現金合わせて百三十万円くらいの寄付であった。

今思うと、何千人の人の協力で建物以外を設備したのである。

当時、乳児保育所は県内では民間第一号であった。

開園式は当時、乳児保育所のそばに私学会館があって、その会場で開催した。念願かない竣工した喜びは大きかった。

この事業完遂までに、県や市はもとより、厚生省の渥美児童局長、岩佐母子課長が陰であらゆるご支援をして下さった。今に至っても長いご縁が続き、あの苦しい中で力づけて

下さったご恩は終生忘れ得ない。

人の縁は不思議なもので、岩佐課長は山口県の支部結成の席に出席され、現在日保協の婦人部長として、ご縁が続き、椰良《なぎら》氏は、日本画に秀でられ、県展に入選されている。下手な絵筆をとる私にとって高嶺の花の存在なのである。市の課長在職時代、随分失礼なことを若気の至りで言ったことを私は慚愧《ざんき》の念で思い出し、ふっと胸がいたむ。

乳児保育所待望の入園式

零歳、一歳、二歳の子供が同時に見知らぬ場所へ集まるので、大変な騒ぎで、お話どころではない。保母がお子さんだけ、別な部屋に預かっていくが、これがまた、難しい。泣き喚く声、親御さんも、わが子の声に気もそぞろである。何と乳幼児と保育所側の入所直後の出会いの難しさ。親は泣く子に心を残し、後ろ髪ひかれる思いで職場に急ぐ。私は開園当初、何か悪いことをしているような気がしたものだ。不慣れ同士でもあった。一日中親を恋しがってむずかる子を、県庁前の歩道を抱っこして、気分を変えるため歩き回ったものだ。ある時は急に引きつけを起こして、びっくり仰天、親御さんを呼んだり、医師を呼んだり大騒ぎをした。お母さんは、落ち着いたもので、「この子は時々引きつけを起こすのですよ」と言うもので、職員一同啞然として顔を見合わせた。健康診断の時、一言そのことを記入されていれば、こんな心配はしないのに、働くお母さんの中には時にこんな手抜きをされ、困らせられた。

新米園長はサービスにこれ努めた。ある時、子供のお母さん方が何人か集まって、「おむつを園で洗っていただけませんか、人を雇う経費は出します」と申し出られた。わが子を昼間預け、わが子の便の様子さえ知ろうとしない親の心を見て、情けないと思ったことである。せめて朝と夜就寝まで、親子のスキンシップが欲しい。現に保育所の玄関で、慣れてきた子は、親より保母さんの手に抱かれようと身をのり出すのだ。日曜日も保育所に行くといって仲間との遊びを求めて親を困らせる子供も出てきた。子供はお友達が大好きなのだ。けんかしながら育ち合う姿こそ、家でかなえられない子供の世界が、乳児のころからすでに始まる。ベッドの中から隣のベッドの子に、私たちには分からない言葉で結構コミュニケーションを作っている。積木をなめ、小さな手の中に入るくらいのおもちゃが好きである。時には、ひとり遊びを楽しむ時間を大切にしましょう、と美智子妃の育児法に学んだことだ。

少し成長すると、狭い狭いところを見つけ入り込んで遊ぶ時期もくる。次から次と遊びを工夫する博士、それで幼児の成長を見る。ご機嫌の悪い日は、身体の調子の悪い時か、心の満たされないことがあったのか。一人一人顔が違い、性格が違う。本の好きな子は、赤ちゃんのころから絵本を与えておくと、ベッドの中で本を逆さにして静かに見ている。理髪店の子供は社交上手で、人慣れして、誰彼なしにおしゃべりしていた。家庭がみえるようだ。乳児保育所の五年間は、養護施設とまったく異なる優しい顔になって、だっこし、ネックレスを引っぱられるのには閉口した。あのころは私のほうが遊ばせてもらった気がする。

子供は三歳までに一生の孝行をするといわれるが、無垢な心は、大人を和ませてくれる。場所がまことに良く、保育所周辺はわが園のための遊園地と思えば、運動場の狭さも苦にならず、あちこちと所を変えては、もっぱらお散歩の楽しさを味わう好適地である。雪投げごっこを公共建物のそばでして、とうとう叱られた、と笑って保母が報告していた。

乳児保育所の保育モットー、そして二つ目の保育所設置へ

保育所に関しては西も東も知らない無知な私は、上京して厚生省のご紹介下さった園を回り、あらゆる資料を集めて、入園のしおり、デーリープログラム、日常の保育カリキュラムなど、頭に浮かぶことはとことん質問した。その時、徳永正利代議士が「私の車を使いなさい」と、黒塗の車を出して下さった。後に、先生は参議院の議長にまで登られたが、こんな細かなお心遣いをして下さる方であった。東京は貧困家庭が多く、どの園にもお風呂があり、お散歩の後はお風呂に全員入浴、そして、食事である。あのはげしい交通地獄の東京で、全員を毎日散歩させられるのには驚いた。裏道を上手に活用されるようだ。

乳児保育所の開園は四十三年五月である。その年末には八、九十人が入園希望が出され、待機されていた。

山口市役所も思わぬ反響に驚かれ、新しく私に湯田地区に保育園を開設して欲しいと、たっての要望をされた。

㈠小規模湯田保育所設置へ

それも四十四年四月からと降って湧いたお話。こうなったら何とか家を借りるより方策がない。小規模でも開設しなければ保護者が困られる。湯田地区をくまなく探した。兼行市長さんも職員を督励され、探されたようだ。しかし、これはと思う適当な家がない。どうしよう。四月は間近。ある日、真言宗の庵寺林光院の住職さんから、実は寺のそばに町内集会所があり、ほとんど使用されていません。責任者に当たってごらんなさい、と親切に教えて下さった。そばには広い墓地がある。地区の集会場の方との交渉が始まり、紆余曲折《うよきょくせつ》はあったが借用出来た。改造すれば小規模保育所は開設出来そうだ。市当局へお話しして、改造費は当時のお金で二百万円、市が補助するから開設してほしいということになり、乳児保育所開設の翌四十四年四月に小規模湯田保育所を開設した。こぢんまりした家庭的な保育所が出来た。

毎日、オルガンの音が聞こえ、小川の流れる静かな道は、その日から小さな子供と親の通園の道になった。園長は養護施設から国重八重先生を新園長に任命した。ベテラン保母も交じって、乳児保育所と異なった雰囲気の保育所が日増しに形成され、家庭的な心安ら

ぐ保育所としてのムードが少しずつ育っていった。家主の都合で集会所として使用するので、どうしても立ち退いてほしいと申し入れられたのは昭和四十七年ころのことである。大きい本格的な保育所に様変わりする機が熟したのだろうか。

子供の瞳よキラキラ輝け

早いもので愛児園乳児保育所も創立十一年目を迎えました。ある日三歳未満児の研修会があり、公開保育を乳児保育所で引き受けることになり、そのリハーサルを参観に参りました。日頃時々訪れるのですが、ゆっくり保育参観をする機会もなくて、久々にゆっくり見させて頂きました。子供の一人一人が生き生きして躍動していました。

思い返してみますと、開園当時は三歳未満児の保育の経験者は、職員中に一人もなくて、それこそ手さぐりの保育でした。どの保母さんも苦労されたと思います。そして一年、二年と経過して、ある日零歳児室に入ると、どうでしょう。赤ちゃん一人一人が、生き生きとした表情で、目がキラキラと輝いているのです。そして私の顔を見ると、パッと笑顔で迎えるのです。しばらく一緒に遊んだのですが、後で零歳児の担当の先生に「赤ちゃんたち今から大人に対してあんなにお世辞が上手で、おかしいのではありませんか」と申しますと、「園長先生それは違います。赤ちゃんたちは、心から嬉しくて笑顔をするのです」と答えられました。

実はそれより以前、三歳未満児の保育のプロとしてもっと工夫し、勉強して欲しいと苦言を呈した保母さんでした。

ある時、その保母さんの書いた文を文集の中で見出した時、キラキラ輝け、と子供の瞳についての願いが書かれていました。その保母さんの保育はそれこそ捨身と言ってよいほどのひたむきさで、零歳児保育に立ち向かっている姿が、今もまぶたの裏に浮かびます。その後は家庭の事情で後ろ髪を引かれる思いで園を去り、上京されました。何度か私宅を訪ねてみえ、熱っぽく保育の話をされていたことも懐かしい思い出です。でもその方は、上京二年足らずで亡くなられました。

「保育の中で死に花を咲かされた」といったことです。灯の消える前にはあのような華やいだ花が咲くものだろうか？　幸薄い境遇をかいま見ていたのだけれど、内に秘めた激しいものを持った人でした。

「瞳よキラキラ輝け」は今も乳児保育所に継承されて、一人一人を大切に育てて下さっていること、十一年目の歴史としてしっかり地についたと有り難いと思っています。子供が健やかに、生き生きと育っているバロメーターは〝キラキラ輝く瞳〟にあると私は信じています。

躍動する子供。躍動ある保母。

これこそ私が保育所設立にかけた夢でした。十一年目の乳児保育所の現在を見ると、私の夢が大きく育てられていることに、心から有り難く感謝します。

どうかこれからも、今までの保育を土台に、新たな飛躍をされるよう願ってやみません。

――「ゆりかごのうた」二号より――

乳児保育所全国視聴覚研究大会を引き受けて

山口県で全国視聴覚研究大会の引き受けが決定したのは、乳児保育所創立二年目くらいの時であった（昭和四十六年）。

県より指名され、二年後に三歳未満児の保育を公開して下さい、との依頼があった。嘘でしょう、保育内容も手さぐりの時に、全国のお客様を迎えて保育を見ていただくなんて、考えただけで動悸《どうき》が打つ。本番まで丸二年くらいの期間があるけれど、とても自信はない。一日一日あっという間に過ぎていく。いろんな方に相談して、佐賀大学の当時、全国で視聴覚教育の第一人者であった高原教授にご指導を戴くことにした。快くご承諾下さり、遠路第一回目の保育を見て戴いた。全職員が講義をいただき、三歳未満児の保育の基本を学んだ。今も頭に残っているのは、「子供は主役、職員は脇役、見ていると職員が主役になっていますよ、もっと子供を主役にして下さい。背の高い職員は座って、目の高さを子供に合わせて下さい。見下ろしてはいけません。テレビ視聴は、子供が自分なりに選んでいます。そばで職員が口を出さないように。集中力をこわします」等々、散々な講評だった。

夜遅くまで先生の講義は続き、私も目を開かれた。まだまだ新米園長。勉強しよう、とせっせとメモをとった。第二回、第三回と高原先生のご指導を受け、二歳児、一歳児の二クラスが当日公開保育をした。公開保育をする園は分科会発題もしなければならない。

養護施設については少々自信を持っていた私も、保育となると皆目無知に等しい。率直にレポートの書き方から学んだ。視点をどこに置こうかと考えても、まとまらない。視聴覚とは考えてみると日常生活のすべてである。この大会はNHKが中心になっているので、いきおいテレビ視聴、ラジオが入る。下関の中部財団から数百万円の補助を受け、テレビ、オーバーヘッド、マイティーチャーと初めて聞く機器を購入して、それをどう活用するか、職員も悩み、一同頭をかかえたものだ。公開日は次第に迫る。私は発題のレポートを担当し、保護者からテレビ視聴の時間等を集計し、苦労の末、なんとかレポートを作成した。今までともすると、寄り集まりの職員同士、ばらばらだった気持ちが、この研究会で完全に一つにまとまった。目的を同じくし、苦労を共にすることが、人の心をこんなに一つに結ぶものか、とありがたかった。

公開保育は乳児保育所のみ。午前中だったためNHKが昼の番組で大きく取り上げて実況を放映した。見るだけで可愛い一歳児、二歳児が、画面に出るので大好評だった。分科会も苦心した甲斐があって、なんとか好評裡に終わった。「すばらしかった」と、他の園の園長先生方の言葉を聞き、ほっとしたが、一番緊張したのは私で、職員は落ち着いたものだ。保育のプロはなんといっても保母さんなのだ。無事に終わって本当にありがとう。骨身をけずって工夫をした職員は、前夜徹夜したようだ。

この発題を契機に、それから次々と全国養護視察研修協議会で発題したが、高原教授に学べたことが、私にとってかけがえない糧となった。

小規模から大規模湯田保育所へ

折角慣れた、家庭的保育所も居座るわけにもいかず、移転新築の機が熟したのだろうか、自らそうしたかったわけではない。自然の成りゆきから新しい土地を求めて本格的な保育所建築の機が自ずと訪れたというしかない。

市の要求で保育所は委託を受けお子さんを預かる。山口市の財政で三百坪の土地を買い上げ、無償貸与は市として英断と思うが、市の係の方も私も湯田地区の田地を探した。土地探しのむずかしさがはじまった。そして、市で探された土地は、湯田駅から一、二分の良い位置である。ただ浄化槽は無く汲み取りが条件で、広い田地であった。三百坪以上五百坪くらいもあった土地を、分割して市が購入した。この間の市の係の方の献身には頭が下がる。また水路のことについても、周辺の方の了解を求めて一軒ずつお願いに歩いた。

そして、立建設計事務所に依頼して設計。競争入札で株式会社村上組にお願いした。この時は私自身乳児保育所建築の時ほどの感激はなかったと今にして思う。ただ湯田地区は恐らく定員六十名で発足しても増員するだろうことは予想して、二階が増築出来る基礎にした。そのことは私のカンが的中して今百二十名定員、丁度倍になっている。増築に際しては日本自転車振興会、丸紅基金とあらゆる努力をして障害児のための居室もでき、子供の森も、総合アスレチック場もできている。新園長の若さがアイデアを生み実践できたと思っている。

平川保育所建築

四十年代は高度成長で建築も楽だった。外部からみると保育所経営は余程妙味が感じられるのか、平川地区では何人か保育所を創立したいと申請があったと聞く。決断は当時の兼行市長さんであった。ある日、平川保育所創設について何となく話しているうちに、「私は外の人には経営させません。貴女になら任せたい」といい切られた。どんな仕事でも信頼されるほど感激し全力をあげることはない。また土地探しがはじまった。市の係が代わられていたが、コツコツと平川地区の通園児のため、将来を見越しての候補地選びである。私も不案内ながら人づてに「土地があります」と聞くと、とんでいった。

ある日、市から「今日は現地を見ましょう」と電話が入った。車を連ねて回ると山の裾の日当たりの悪い場所、便利も悪い。私が「外に適地はありませんか」と尋ねた。「いやぁー、あるのですが、一つ一つ見て意見をお聞きしようと思って」と言う。悪い場所から見せられたらしい。車は山口大学の大通りに出た。そこからほんのそばに広い広い田畑がある。市の方がおもむろに「ここはどうでしょう」とのたまった。意地が悪い。早くこんな良い土地があれば、見せて下さればよいのに、と思った。私は「ここなら申し分ありません」と、内心嬉しかったが、それから、また水路のことや周囲の人々の了解を頂くのに、夏の炎天下を、一軒ずつ頭を下げて歩いた。その頃は、さすがに疲れた。そして、平川保育所の土地も市が現金で三百坪購入して下さった。これだけは他市に見られない恩典である。そして設計監督、施工と続いたが、この園の特徴は日照を特に取り入れたことだった。廊下のない建物を今度こそと、心を新たに本気で取り組んだ。そして面白い建物が出来た。

それから、学童期までに年齢延長のため、現在九十名定員になり、別棟を増築した。三保育所共、建物に特色があるし、保育所ごとにムードが違う。園長、主任保母の特色が出ていて面白い。

ある時、堀市長さんと面談していて、「大歳に保育所がないから建てられませんか」と、言われた。私も三保育所を建てて、四つめになる。「もう建てません」と、お断りした。今定員減になった。建てなくてよかった。別にそれを予測したわけではなかったが、結果的によかった。私のカンでご返事したわけではないが、何故か、私のカンは時に当たるような気がする。

零歳児のハイハイの姿

湯田保育所所長として一年兼務。養護施設と二施設兼務を六年続け、建築につぐ建築。そして運営は、さすがに無理だと判断し、時期園長を愚息にゆずった。

昭和四十五年三月末で保育所運営から手を引いた。

乳児保育所は零歳児から三歳まで。湯田保育所は障害児保育に力をそそぎ、重度、中度、軽度の障害児保育に特色を出している。

平川保育所の運動会を見に行ったことがある。何と、零歳児が一列に並んで、おいでおいでと言って待っているお母さんに向かって土の上をハイハイして競争する。生まれ月の差でやっと這う子、すいすいと進む子、その姿は愛らしくいじらしい。一生懸命に母親の手に抱かれようと這う。全身の力をふりしぼっている無垢な姿を、見ていると思わず瞼が熱くなる。

生まれて初めての競争だろう。母と子の絆をしっかり見た。どうかこの絆をいつまでも

零歳児のハイハイの姿

保ってほしい、と心の中で切に願った。
私が見た三保育所の中で、また新しい感銘を受けた一コマである。

保育所を守りたい

今朝も静かに雪が降っている。平成元年一月二十日例年にもれず、国の予算対策を含めて日本保育協会の支部長会と予算対策のために上京したが、東京は積雪二十一センチと報じられ、まだ降り続いていた。

東京駅に降り、タクシーに乗って車窓から眺める宮城の周囲の雪景色の美しいこと、初めて眺める新鮮さである。薄化粧どころではなく、二十センチ以上の雪が樹木をおおい、人一人いない静かな静かな宮城の姿であった。道行く人は、コチコチに凍ったビルの谷間の歩道を、用心深く、それでもさすが東京の人は歩行が早く、そそくさと歩かれる姿が転ばなければいいがと、人ごとならず心配した。ニュースによると、数百人の骨折者が出たとのことである。

さて、今、保育界は大揺れに揺れている。行政改革の名のもとに、徐々に固まるかに見える幼保一元化の問題である。説明によると、厚生省に所属する児童福祉法による保育所と文部省に所属する幼稚園とを一本化しようという考え方である。

昭和二十三年に児童福祉法が制定され、三十五年が経過した。その間、保育園の果たした役割は大きい。生後四カ月頃からの赤ちゃんをお母さん方に代わって、授乳からおむつの取り替え、はえば立ての思いを込めて、つぶらな天使のようなまぶたに保育者も和ませられ、時には勇気づけられ、おじらの出た時の幼き者の抵抗にてこずったり、子育ての原点から共感をしながらの養護と教育、これが保育である。三十五年間積み上げた歴史は今ほど恵まれた保育制度はなくて、血のにじむ苦労を先達の人たちはしてきた。この制度を、今になって幼稚園と一本化するなどという政治家は何もわかっていない。実態を知らないままに同じ幼児が保育園と幼稚園に分かれているのは、かわいそうなどと、国費を節約する方法を生み出すための政策でしかない。

支部長会は、白熱した重苦しい空気が漂い、説明を聞きながら、なぜ！　と叫びたい思いをおし静めた。預けていらっしゃるお母さん方はご存知なのだろうか。新聞でこの私案を出した西岡代議士は、長崎県でみごとに落選された。当然と思う。保育所と幼稚園は出発点が違うし、内容も違う。幼児教育を元にした幼稚園と、養護（しつけ＝食事、排泄、睡眠、清潔、着脱衣）を基盤にした、発達に即しての遊びを通しての学習、それが保育所の使命である。

愛児園乳児保育所を昭和四十三年に開設してからの十五年の歩みを眺めるとき、私は胸を張って立派と言いたい。どこにも負けない良い保育が、園長以下保母さん方のたゆまぬ努力によってなされていることを誇りに思う。それだけに、今の制度が崩れるようなことは断じて許せないと思う。この制度改革に対しては、どこまでも闘っていきたい。

―「ゆりかごのうた」八号より―

親業とは

昨年の暮れ何かの用事で、本当に久し振りに乳児保育所を訪ねた。特別保育の時間で、ちょうどお母さんの手作りのお弁当を開いていた。どのお子さんも小さなおにぎりや、玉子焼、ソーセージ、果物と、食欲をそそるものが入っていて、思わず「おいしそうね」とのぞきこんだ。「あげようか」と、にこっとして来る子がいた。あわてて「いいのよ」と言った。しかし純真な瞳を輝かせて食べることのみに専念している姿は、とても可愛かった。また、県庁に行く途中車の中から子供たちのお散歩姿を見かける。手をつないで、元気よく歩く活発な姿を見るのは、嬉しい限りである。創立から十五年、保育内容も豊かに、職員の方々もある種の自信ができて、どっしりと地域に定着した施設の重みも出た。十五年の歳月は決して無駄ではなかった。関係の方々に「ご苦労さま」と申し上げたい。

最近いろいろな講演を聞く機会に恵まれ、子供の広い意味の教育について考えさせられている。その中で私見を一、二挙げてみたい。近時、非行問題が大きい問題となり、低年齢化しつつある。子供は横社会になれて、縦社会の秩序を学ぶ機会が少ないのではないかと、長幼の礼儀さえわきまえないのでは……。

よく、子育てに叱る、誉めるという言葉を聞く。私は、叱るという言葉は嫌いである。教え育てると言いたい。特に三歳未満児を叱っても効果はない。「一つ一つカンデ フクメルヨウニ、オシエルコト」。繰り返し、繰り返し、忍耐がいる。そして、幼児語も懸命に聞いてうなずく。共感、体験も子供に大きい満足を与える。共に育つ―共育こそ貴重ではなかろうか。泣いたり、笑ったりの子育てに忙しい御両親にひとこと。子育ての妙薬は、夫婦仲むつまじくが基盤であることを。そして子宝に恵まれ、子育てのできることの至福を感じて欲しい。

―「ゆりかごのうた」七号より―

年頭に思う

元旦、東天に輝く初日の出を拝みながら、平和の有り難さを思い、みんなの幸せな年であるよう念じる思い切なるものがあります。湯田保育所所長は龍蔵寺観音堂で、元旦早暁から三日間護摩をたき続けました。保育所の保育も一見すると大した努力も工夫もいらないように見えますけれど、五十三年度から百二十人になった個々の子供の個性を伸ばし、よりよい成長を図るには、それこそ職員の全身全霊によるエネルギーと創意工夫による実践力と、その底に情緒の安定による豊かさが求められていると思います。生身の人間が人間を育てる仕事、それにもまして安全を保障しなければ、御両親も安心して預けられないと思うのです。湯田保育所所長の元旦の護摩壇での祈願の中には、一人一人の安全と幸せを願う思いがこめられていたであろうことを察します。

さて、昭和五十四年の幕は開きました。

みなさんは、年末にテレビで放映された宮城まり子さんの「ねむの木の歌」をご覧になりましたか。声の出ない子に発音を教え、言葉を教えるその涙ぐましい努力。体当たりの教育とはこのような教育なのだと感じました。
また女優であるかたわら身障児のために施設を作り、その中でスキンシップによる教育を実践されているのを見て、三十年間児童福祉にたずさわってきたとはいえ、恥じ入るばかりのドキュメントでした。心の若さ、豊かさ、表現力の豊富さ等々、まり子さんには足もとにも及ばないけれど、私は、今年はもっと謙虚に経験というものから脱皮して、多角面から物を見、新鮮な養護、保育を考え直す時が来たと、私なりに年頭にあたって自己の課題を出している現在です。

―「この子と、ともに」二号―

保育所を見直して

一月十日付の朝日新聞家庭欄（「ある母親たちの顔」）に出ていた作家、津島佑子さんの文をお読みになったでしょうか。「仕事のため保育園頼み」「劣等感背負う日々」の見出しで書かれた文ですが、津島さんは作家活動を続けたいために、お子さんを六カ月までは無許可の共同保育所へ預け、運良く四月からは公立保育所へ措置され、丸六年間保育所に通わせた方です。

文の一部を抜すいすると、

「ところが保育園に子どもを預けはじめてみると、そこに出入りする母親たちは、〝労働〟の意義と子どもの幸せという二つの概念を、毎日、その背中に負わされてしまっているのだった。よく見比べなさい、どちらがより大事なことですか、と母親たちは問われ続けなければならない。

子どもがかわいそう、子どもがかわいそう、という言葉が、母親たちのまわりに響き続ける。実際にはかわいそうではないのに、かわいそうだと言われることほど、屈辱的なことはない。母親たちの、言葉には出ない傷は深まる一方である」

最後の「母親たちの、言葉には出ない傷は深まる一方である」を読んで、形容し難い思いに駆られました。預かる側と預ける側、立場の違いでお互いが相手の心を十分配慮しているだろうか。なんと前時代的感覚で保育行政がなされ、公立保育所のマイナス面をさらけ出しているかと、暗然とさせられました。

作家という名の人達は見たこと、思ったこと、感じたことを率直に書くことの自由が保障されているにしても、もっと視野を広め、客観的にものを見て欲しいと思います。確かに育児と作家としての仕事の両立は難しいかもしれません。でも自分で割り切って選択した道に対してなぜ劣等感を背負わなければならないのでしょうか。一日、二十四時間保育所に預けっ放しではないはずで、朝、夕、晩、土、日曜、子供と接し、遊ぶ時間の母と子の対話、接触をどう過ごすかにかかっているのではないでしょうか。

現代は分業の時代です。自己の才能を生かして、終生仕事に生きたい婦人も増加していると思います。その婦人が母になり、育児に関して保育所を活用すれば、全部劣等感を持つでしょうか。私はこの一文を読んで、保育所経営者として、義憤を禁じえません。そしてこの一文によって、保育所はイメージダウンするのではないでしょうか。筆は人を殺すことも出来る怖さを作家、文筆家は知ってほしいものです。今ほど自由をゆるされている国だからこそ、かえって自己を律する不自由さもあるはずと思えてなりません。

保育所とは、親と保育所全員で手をつないで一緒に子供を育て、共に喜びを分かち合うところと思います。異なった相手の立場に立って思い合える関係になりたいものです。

――「ゆりかごのうた」三号より――

父兄と共に手を携えて

喜んだことや、憂きことなど、さまざまな五十六年も幕を閉じ、新しい年の幕開けとともに、あまりにも課題の多い年なのだと、認識を新たに心をひきしめる年だと思います。まず第一の課題は、現在の乳児保育所の移転改築の願いです。昭和四十三年から足かけ十五年目を迎え、ビルの谷間におかれた現在地から、一日も早く広々とした場所に移転し、ゆったりとした展望のできる所で、乳幼児を保育したいと切望しています。新年早々に市の福祉事務所長さんが、わざわざ御来賀下さいましたので、移転の件を重ねてお願いしておきましたが、念願しつづけたら、いつかはかなうと、この道一筋三十四年の私にはわかります。熱望しつづけること。このことを御父兄と共に手をつないで、大切な命を預かる者、預ける人、共に努力し合いましょう。

第二の課題は国の行政の問題なのですが、今、全国で幼保一元化が再燃しています。聞くところでは、〇～三歳までを保育園、三歳以上を幼稚園化するという案と、幼稚園、保育園を問わず、子供一人一人のクーポン制にする考えを試案として出した方があります。ひそかに行政では試案をしているとか、文部省、厚生省とそれぞれの行政の省も違い、目的も違った幼稚園と保育所が、なぜ今になって混乱を起こすようなことを言いはじめたのか、いつも幼保一元化は幼稚園側から出ているようです。幼稚園は保育所化し、長時間保育、給食を当然のようにやりはじめ、逆に農村保育所は地域のニーズが幼稚園化している施設もみられます。設置の目的を児童福祉法にのっとって適正な保育をしてきた当法人設置の保育所は、何とも割りきれない憤りを感じます。

そこで皆様方にお願いしたいことは、幼保一元化ではなく、保育一元化を合い言葉にして欲しいということです。現在より、よりよい保育を目指してここまで来た保育所の存続を危くするような制度を簡単に許してはならないと思います。御父兄の皆様も、保育所の制度にかかわる重大な時期であることを認識され、どうか団結して守って欲しいと切にお願いします。

——「ゆりかごのうた」六号より——

第八章

つつじの花に囲まれて

つつじの花に囲まれて

暗き道　ライトたよりに　訪いし
シャクナゲの苗ある家の　温かりし

伝雪舟の庭

どういういきさつから復元を思いたったのか定かではないが、たしか理事会のあった日、元雪舟のお庭があった話をした。当時の理事さん方が現地を見たいと言われたが、そのころは竹林で荒れはてていて見るかげもなかった。小川啓亮理事が（寺の総代でもあった）これはひどい、復元出来ないのかとおっしゃった言葉に、若い私は自分のせいのように恥じた。それから本山京都御室《おむろ》の仁和寺に行った際、お庭を復元したいが、どなたかお庭に権威のある方をご紹介下さい、と頼んだ。その時出た人の名が、有名な重森三玲先生。全国名庭の著書もあり日本で三本の指に数えられる庭の権威者、この先生に頼んでご覧なさいとのことだった。帰山して寺の総代会を開いて協議した結果、住職の貴師がやる気なら、思い切って先生に会ってみられては、と意見が一致した。

確か小川総代だったと思う、一緒に重森邸に伺った。立派なお庭。白砂に岩が配置され見事である。お家は京風で白木造りの瀟洒《しょうしゃ》な立派なお邸であった。初めて対面する庭の権威者である。どんな方かと緊張して、お会いしてみると気さくな方であった。いろいろ全国の名庭園のお話をうかがったり、写真を拝見して、ますます復元に意欲が湧いてくる。

早速、一度先生をお招きして現地を見ていただくことになった。荒廃した旧雪舟の庭をお見せするのは、内心恥じいる思いである。しかし勇気を鼓《こ》して、現地に案内した。先生は雪舟の庭をみて室町末期の築庭と鑑定された。そして、契約をし、着工されたが、その仕事は京都から庭師を数人連れて、お寺に泊まりこみである。早朝五時ごろから仕事をされていた。さすが手馴れたもので、あの荒れた竹林が見る見るうちに竹の根が掘り起こされ、岩も一度掘り起こされて、その岩と瀧塔山から新しく岩も加えて、心字の池が見事に出来上がった。

一カ月くらいかかっただろうか、庭は回遊式で、池の中に鶴と亀が配してある。本谷の小川から取り入れた水は心字の池にそそぎ、池のそばには丘がこんもりと杉ごけで自然な美しい曲線を見せ、白砂と杉ごけのコントラストがなんとも清々しい。岩は復元、プラス近代的なセンスが生かされ、たいへん面白いお庭に築庭された。私はこのお庭に伝雪舟の庭と命名した。

完成したのは昭和二十九年秋である。雪舟禅師は晩年、このお寺に寄宿されたという。伝雪舟の庭の山茶花の樹齢は古い。室町時代の考証は当たっていると思う。満開の山茶花の淡いピンクが、なんともいにしえを物語っているようだ。庭にハラハラ散る晩秋は昔を今に見る思いがする。

竣工までに奉賀帳が何十冊か集まった。特に当時の兼行恵雄市長は龍蔵寺の観光に力を入れられ、筆頭に芳名を奉賀帳に染筆して下さった。復元成って、ささやかな式典をした。それから新しく伝雪舟の庭と喧伝された。新聞に報道され、あちこちから見物にこられ、京を偲ぶ庭を回遊して楽しまれた。龍蔵寺に新しい名所が出来た。当時の復元を聞いて湯田温泉の野原旅館が新しく重森先生の手で築庭された。こぢんまりとしているが、白砂と岩と苔を植えた新しい感覚の庭である。また、重森先生は山口県内であちこちと講演依頼があり、回られたようだ。

常栄寺の南溟庭ほか、鹿野の漢陽寺には先生の手による曲水の庭がある。ここは裏山から流れ出る水が豊富で、規模の大きい石庭である。重森先生の傑作の一つではなかろうか。まことに見ごたえのあるお庭である。同寺はお庭が出来てからは、お庭と精進料理で名高く、観光地としても栄えている。

初めての法話

特請で生まれて初めて布教に出かけた。本山のかつての大寺教学部長のたっての請いである。一度もしたことのないお説教を、四国の寺に行ってしてほしい、それもぜひ尼僧さんにと頼まれたとのことである。不安で何をどう話せばよいか、教学講習で人のお話は聞いて成程と感心していたが、私自身実演をしたことがない。本当に困った。断ったが、話はすでに決まってしまっていた。そのころ私は体調をくずしていて、微熱が続き、医者の弟に相談すると、一人で行かず、誰か付き添いを連れて行くなら、と許可してくれた。ちょうど中学を卒業して、園にいた女の子を連れていくことにした。三日間で三席、同じお寺である。考えても、お説教の構成がまとまらない。

大寺師の自坊が岡山なので、途中立ち寄って法話の秘訣を尋ねた。「なに、心配することはない。私は話の途中、高座からころげ落ちたことがある」と、こともなげにおっしゃる。この方は、お酒が大好きで、一杯召し上がって、高座に上がられたに違いない。お話がまことに巧みな方で、笑いころがされるほど面白い法話をされていた。ここまで来たら、背水の陣、どうにかなるわ、と自分に言い聞かせ、四国の徳島県のお寺にいった。

門を入ると大きいお寺で、松の大木が地をはって見事だった。四国のお寺は、お大師様の生誕の地であり、本場である。布教師は能化《のうけ》さんといって、特別待遇なのだ。離れの立派なお部屋に案内された。お風呂も一番風呂。式衆と別待遇である。

お勤めにも出ないで、法話のみ。一席目の緊張したこと。足はふるえるし何を話したのやら無我夢中で全然覚えていない。なのに四国のお寺は法話の最中に、お布施を包んで、次々と持ってこられる。それをどうしたらよいか、処置に困った。こんな時の作法を誰からも教えられていない。後で聞くとその度にその家の先祖の御供養をするのだそうだ。知らないとは恥ずかしい。

一席目は散々な出来。こなければよかった、と心から後悔した。泣きたい思いである。季節は春、翌朝快晴、戸外を散策すると桜が満開で、ハラハラと散っている。そうだ、「散る桜、残る桜も散る桜」と、ある本にあったのがひらめいた。世の無常を語ろう。何に話をしぼるか、思いあぐねていた時である。二席目から、何とか話のすじを考え話をはこんだ。三席目は当寺に建立してある戦死の方の供養塔の話をしてほしいと言われた。主人が戦場で散った私の体験を通して、慰霊の話をしよう。やっと自分なりの話が出来た。この話は一応、皆さんも満足されたようだ。布教第一号は大変きびしい試練で始まった。布教の怖さを身にしみて感じたのである。

帰る際にいただく御法礼は重い。いただくときの何とも言いがたい辛さ。申し訳なさ。頂く価値もない法話の内容は、自分が一番良く知っている。そのとき決心したのは、きっと随喜《ずいき》参上で、今一度、このお寺で法話をしたい。勉強し、経験を積んで必ず来ることを心に誓って、いとまを告げた。御住職以下、全員で見送って下さる姿に、申し訳なさを痛いほど背中に感じ何度もおじぎをして、お寺をあとにした。一生忘れ得ない懺悔の一ページである。

京都・高雄の高山寺とのゆかり

高雄の高山寺に初めてお参りしたのは、昭和二十六年か七年のころだったと思う。本山の方がご案内下さった。当時高山寺の御住職は、小川僧正様で、後に宗務総長になられたが、元学習院の教授をなさった方である。高山寺は本山直轄寺院だったと思う。

明恵上人が修行された寺として有名であり、鳥獣戯画の原本が保存されている。貴重な原本の絵を見せていただいた。実に軽妙に鳥や獣が描かれ、楽しい絵である。

お寺の下の渓谷は清流が流れ、カジカが鳴き、紅葉の季節は刻々と変化する紅葉の色は見事である。奥様はいつも洗髪のままの髪をたばねておられた。きめの細かい白い肌に着物をさらりと着こなして、帯にはんなりした色気のあるのが、女ながら素敵だと思ったものだ。

時折、泊まったときに、鮎のとれるころは、わざわざ近所の人に頼んで鮎をご馳走になった。ある時、偶然作家の大佛次郎先生が来訪されていた。私にお茶を差し上げて下さいと言われ、大作家の大佛先生を間近に見た。大柄な堂々とした体躯で、髪はロマンスグレーである。先生は私に「あなたどちらの方ですか」と尋ねられた。手短にお話ししたが、作家というより実業家の風貌であったが教養を内に秘めた素敵な方である。あらゆる面で魅力のあるお寺なので、文人墨客が後をたたなかった。四季それぞれの風情のあるお寺で、山道を辿りつつ明恵上人のいにしえが偲ばれた。明恵上人の「あるべきようは」の教えは含蓄《がんちく》深く私の心に刻まれている。

同行の師が本尊様を拝まれて、「拝みこまれた仏様ですね」と言われた言葉は妙に心に残った。

晋山《しんざん》式と秘仏千手観音御開帳

昭和二十七年春のある日突然、京都で知り合った尼僧さんが尋ねて来られた。それがちょうど秘仏千手観音御開帳の十日くらい前であった。「大きいお寺ね、新潟ではこんな大きいお寺は少ないよ」と言う。「実は晋山式と、御開帳が重なり忙しいの……。何しろ、まだ僧籍に入ったばかりで不案内なことが多く、諸事情で私が導師をするしかない破目になって困っている」と話した。と、その友は、「種智院大学の児玉先生に電報を打ってお願いしてみたら、きっと来て下さるよ」と言う。何度か教学講習で講義は受けたが、急にお願いするほど懇意ではない。

友に励まされ、電報を打ったら、何と来て下さるとの返事。それこそ仏の御加護と思った。法要の一週間前には見え、大塔婆を書いて下さったり、私に導師としての特訓を毎日して下さった。式衆二十数名、お稚児さんも百名くらいであった。寺にとっても大事業なのだ。予算をたてるのに、総代会を開いたところ、八町ある寺の山に売る木はありませんかと尋ねられ、ありませんと答えた。まあ、一度みんなで山を回ってみましょうということになった。するとあるある。百年物の松の木が三十本くらいあるではないか。総代さんが、こんな大きい松がある。一本一万円として三十万円になりますよ、と当時の金額を言われた。私はこんなところは誠に大らかというか一本抜けているところがある。

晋山式とは、新住職が寺の住職になる時の一生一度の晴れの式であり、披露なのである。その時私は三十三歳だった。若い身空で、尼僧寺でもない寺の住職になる。そのことは、一般の人には青天の霹靂《へきれき》の出来事だったと思う。私はやると思い立ち覚悟を決めると、あらゆる衆知を集めてやる。当時のお金で約百万円は予算を組まなければならない。

それから寒行をして、毎日托鉢をしようとまず御詠歌《ごえいか》を毎晩仕事を終えると教わった。お声明《しょうみょう》とも違う、一種独特のふしまわし。練習を重ねていくうちに、少しずつ慣れてきた。

寒行の托鉢のメンバーは主に信者さん方である。三十人くらいだっただろうか。中に園の職員も勤務の間をぬって参加したいと申し出た。白装束を着て鈴《れい》を持って何組かに分かれて回ることにした。

手始めは、やはり地元から始めた。覚悟を決めて立った。他家の家の前、行乞《ぎょうこつ》がこんなに恥ずかしく、みじめで身のすくむ思いになるとは……。立ってみてはじめて身にこたえた。十名くらい一緒なのに行乞の精神にはほど遠い。私は自分の内面をのぞいた。

晋山式と秘仏千手観音御開帳

それでも近所の方は、まあまあお寒い中をとかえって恐縮され、大急ぎでお米を下さるのだ。日頃、身を低くして生きた体験のない私にとって、あの雪の中、かじかむ手に鈴をもって、打ちならした体験、寺から遠くなるほど、縁が薄く、人の心が見える。寒の間、くる日もくる日も疲れ果て夕闇せまるまで、托鉢をした。中に「お寒いでしょう。お茶を一杯どうぞ」の一言をかけて下さる方があり、涙が出るほど有り難かった。

そして私も一日ずつ、自我を捨てることを理屈抜きに学んだ。吉敷、湯田、嘉川の方まで歩いたのである。昼食はおにぎりとたくわんだけの食事。その美味しかったこと。托鉢をすることは晋山式のPRにもなった。また吉敷青年団は草競馬をして、収益をあげて協力された。私の頼りない姿を見ておれなかったのだろう。吉敷の人がこぞって力になって下さった。今思うと、あの若さでよく成し遂げたと思う。それほど地域の中に入り込んでいた。

当時は地域の人も、私達が寺を守るのだという意識が強かった。

そして、いよいよ当日。どうぞ雨天になりませんようにと祈ったが、私は雨女なのか、大きい行事の日はよく雨に見舞われる。ただし式の間だけは不思議と止むのである。

前日もどしゃ降りの中を、続々と遠くからお寺さん方が到着され、泊まられた。当日は新町からお練りで、法螺《ほら》を吹く山伏、お寺方と全員に児玉先生のご指導があり、会奉行《えぶぎょう》まで見て下さった。晋山式は前住無しで行い、御開帳の法要は私が導師、児玉先生は脇導師を務めて私を補佐して下さった。本格的な大法要である。尼僧さんも役があって、奉讃文の入っている黒塗の箱を捧げて出るのに、間のとり方があって、少しおくれバチバチと中啓の音がする。今思えば、あの当時は練達のお寺さん方が健在であった。よくまあ勇気を出して導師をしたものだと、今思うと身がすくむ。

児玉先生も私が壇の上でゆっくりとするので、どうなることかハラハラしておられたらしく、終わりはきちっとやり遂げたので安心されたようだ。二十五年に一度の御開帳、前準備の組織が実にきめ細かに役割を決めていたのと、托鉢をして地域の方とも親しくなっていたこともあるのか、うまくいった。

ところで、余興が本堂であり、そのとき本堂の座が突然落ちて一時は騒然となった。立錐《りっすい》の余地もないとは、あの日の龍蔵寺の様相ではなかったろうか。大変な人の波、一年前から企画し、準備して、自分ながら大成功であったと思う。若い尼僧が頼りなくて見ておられん。わしらが本気になろうと、老若男女が共にわが事のように本気になって下さったおかげである。法会が大盛況裡に終わった時、私を胴上げすると言われ、「それだけはおゆるし下さい」と固辞した。皆さん大感激で何か形で表したかったようだ。父は病床で、私の真新しい納衣《のおえ》姿を見て、満足してくれたが、晋山式を待たず胃ガンで亡くなった。享年六十九歳だった。

京都一灯園を訪ねて

京都山科にある一灯園を一度お訪ねしたいと念願し、叶ったのは上京の帰途である。京都の街はずれ、当時は静かな竹林の多い土地であった。

故古谷社長は大変な天香先生のファンで、心から帰依されていたようである。

「無一物中　無尽蔵　花あり　月有り　楼台あり」の御染筆を読んで、心の目が覚めた。おこがましくも宗教家の端くれと思い、布教にたずさわっていながら、無欲になり切れていない自分自身に、パシッと喝を入れられたのだ。一灯園を訪ねると、数人の人に出迎えられた。起きて半畳、寝て一畳の生活が実践されていたが、広大な敷地の隅々まで、なんと清浄なことか。小川のせせらぎの一つ一つの石まで、洗い清められ、澄み切った水が流れ、お庭に木々が植えこまれ、自然の中に点々と住居がある。礼拝堂の本堂の窓は円。法華経を読経されていたように記憶している。自然に一人二人と天香先生の教えや仁徳に集まられた人たちだと聞く。

夜行列車でゆられた私のために、休息をすすめられ、横になったとたん寝込んでしまった。ふっと目覚めると、どうして分かるのか、「お目覚めですか」と隣室から丁寧な言葉がかかった。物音をさせないほど気を配ったつもりが、なんと行き届いた人たちだろう、と恐縮した。おだやかな人たち。布施行を行として、心の平和を求めて集まった集団がここにはあった。この中では、現金はいっさい不用の生活と聞かされ、また驚いた。さまざまな人生を歩むなかで、挫折し、何か心の救いを求めてこられた人たちで、相当の地位にあった方も多いようだ。この園の出版誌を読み、祈りの生活を見て、若い私は大きい感動を覚えた。無一物中無尽蔵。すごい悟りである。そのなかに「花有り　月在り　楼台有り」とは、小さい自分をかえりみて恥ずかしかった。見送って下さる園の方々の振られる手に、何度もおじぎを返した。

その天香先生も、すでに亡き人である。温かく悟りを得た生仏様であった。　合掌

楓の樹々も大きく育って

私が入寺した時、千年を経た銀杏の木がそびえていた。それがどうしても目に入らず、とうとう翌朝主人に尋ねたら、笑われてしまった。空を見上げないと見えないのである。深山幽谷のこのお寺で、これから私の話相手は、案外、人より狐か、たぬきになりそうだ、と笑ったものだ。それほど静寂だった。

楓《かえで》の樹々が川沿いにあちこちとある。何年かして住職になり、私なりにこの寺の信仰を考えてみたが、そのころすでに養護施設を始めていて、休む間もない忙しさであった。そうだ、私はこの景色を生かして、お寺にお参りされただけで、何かを感じて帰られるには、もっとこの寺の特色をつくろうと、楓《かえで》の種類も何種類も選び、庭師に二百本を大阪に買いに行かせた。谷や川沿いに植えさせた。冷気のある土地にあって、ぐんぐん樹々は伸び、もう大きい樹になった。錦秋の秋、あの炎の燃えるような真紅が木洩れ陽によって、朝夕と色模様の不思議な変化を見せ、見る人を楽しませるのはえもいえない眺めである。その紅葉の名所が三十年余たって定着した。植えて良かった。私のいおりも紅葉の木々に囲まれている。

昭和六十三年五月新しい梵鐘が竣工し、毎日、木の間から響く荘厳な音を聞いている。苦難から四十余年、あの初つきの私の晴れ着姿を見て、初めて出席したある方が、私の来し方も知らず、「お幸せな人ですね」と、もらされたと聞いた。「幸せな人」、そう外部の人には見えたのだろうか？　初めて聞いた言葉に唖然とし、素直にその言葉を受けたいと思った。前向きで生きられる限り、幸せなのだろう。

梵鐘の初つき

木々のささやきを私も聴いてみたい。風よ、そのつぶやきを運んでほしい。私も皆さんと一緒に住んでいるのよ。私の命は樹木より短いけれど、千年の歴史を再現出来たら面白い物語になるだろう。そびえ立つ銀杏の大樹を仰ぎ、悠久の歴史を感じる。

上野隆仁の入寺

ある夏の午後、一人の老婆がこられた。荷物は園の子が一足先に運んで持って帰った。「私は菩提寺から来ました、と伝えて下さい」との伝言。汗をふきふき来られたのは元気な老婦人だが、参詣の方とも違う。昔、先々住職と住職同士法類同様の間だったとのこと。昔話をひとしきり聞いたあと、実は私に一人の孫がいて、いま中学三年になったばかりですと、やっと本題らしい話をはじめられた。用意周到、通知票まで持参しておられる。開いてみると、五点と四点ばかりで優秀である。この孫のことが気になって、私も年をとる一方なので、なんとか幸せにしてやりたい、と暗に龍蔵寺に入寺させてもらえないか、といった思いがにじみ出る話であった。

私も後継者が欲しい、今まで妹に養子をと縁談があり、見合いさせ先方は乗り気だったのに、妹は若いのにとてんでその気にならず、これは縁のものだから、と半ば諦め、なんとかなるわ、と例の楽天家一流の諦観をしていた矢先のことである。降って湧いた思いがけない話に、一瞬びっくりした。養護施設の子を入所させるのと違い、親子の一生の縁を結ぶことになる。

しばらく考えてみたいと思ったが、主人の遺言を思い出した。誰にも遠慮しないで、自分の良いと思った子をもらいなさいとの言葉がひらめいた。「遊びに一度よこして下さい。本当に本人がこの寺が気に入るか、私も本人を見たいと思いますが、当人も私とやっていけるか、人間同士のこと、会ってみましょう」と、帰られるころに返事をした。あのお年でと思うのに、下り坂だからか、元気良く帰られた。

日を経ずして、当人の隆仁君が来た。小柄で見た目は真面目で、お寺の息子らしく、折目正しい。一番気に入ったのが、私の目をしっかり見て、物が言えること。人間相手を見すえて物を言うことの大切さ、目は心の窓という。

お寺の境内や、あちこちと見て回り、本人は気に入った様子だったが、お互いそのことにはふれず、また遊びにいらっしゃい、と湯田のバス停まで見送った。車窓から手を振りながら、私をいつまでも見つめている姿を見て、縁があるとお互いに通うものがあった。早速、私のほうから隆仁君が来る気があれば、養子に迎えたいと返事した。本人に伝えられたら、喜んでもう荷物をまとめ始めたと聞いて、不思議な縁なのだと思った。死んだわが子、孝子と半年違いの年齢差も、なんとなく嬉しいと思ったことである。

入寺は靖国神社参拝団で上京するので、帰ってすぐに、と話があった。思いがけず、私も上京していた。時間があり、日劇に入った。ロカビリー全盛のころだった。学生服姿の中学生が多いので、案内嬢に尋ねてみた。この中に宇部の厚南中の上野君はいませんかと。すると間もなく隆仁君が来るではないか、人懐っこい顔をして、お互いに本当にびっくりした。

本当に思いがけない邂逅《かいこう》であった。とっさに私が「お小遣いいらない?」と尋ねたら、「いりません」とカッコ良く答えた。私はきれいごとを言うのが下手で、「そう、では元気でね、待っていますよ」と別れた。あれから三十一年経つ。まだ少年だった上野隆仁も宮原隆史と改名して、今や四児の親。龍蔵寺住職としてがんばっている。

後住隆史、私の子育て奮闘記

優秀な通知票を見て、勉強の方は心配しなくて済む、と安心したが、神経質で病弱であった。レントゲンのたびに引っかかる。扁桃腺をはらし高熱を出す。この子は丈夫に育つだろうか？　そう思いながら、養護施設の子たちと一緒の生活をさせよう。特別扱いはしないこと、をモットーとした。便所の汲み取り、草刈り等その作業を、受験を前にしても、心を鬼にしてさせた。あらゆる悪知恵を集めて、よくいたずらをした。彼は、父は戦死、母は病死で、両親の顔も知らず、おばあちゃん子で育った。親戚の人たちは、あの食糧難の中をよく面倒を見られたと頭が下がる。陰になって育てる側の私の立場を理解され、この子に会うたびに、感謝しなさいよ、と言い聞かせておられたようだ。その点、有り難かった。

ある日の早朝、氷を買いに出した。帰りはタクシーを乗りつけて帰ってきたのだ。氷の値段を考えたら、タクシーはおかしいと、私が言うと、自転車で帰ると溶けてしまう、という。理屈はそうだけれど、ちょっと筋が通らない。それから二度と氷買いにタクシーは使わなかった。

受験勉強は真面目によくしていた。それでもこの子が深夜勉強している間は、私も起きていた。受験とは親子の共同作業だ、と思った。私は山口高校の入試は、内心安心していた。パスした時、宇部の伯父様から祝電が届いた。「キヨウノチユウシヨクハウマカツタ」と、親戚一同で心から祝福して下さった。中学時代はテストがあるので親も楽だが、高校生になると、青年期に向かいいろいろと心を配ることが多い。思春期の心の変動に振り回された。

ある日、この子が原因は覚えていないが、「親の鏡は子供の姿と思う」という。子供の心が荒れる時は親の心が平安でない時、子供はそのまま言動に出すのだ、という話をしたのを聞いて愕然としたことがある。

手先が器用で寺の大きい案内図を描いたり、石段をコンクリートで作り替えたり、出来るだけ難しいことでも、挑戦させた。スキー用具が欲しい、ギターが欲しい、バイクに乗りたい、次々と要求を出した。懸命に全知全能を傾けて言うので、根負けして購入したものだ。バイクに乗ると朝出ると夕方になっても帰ってこない。あちこちと友人や知人宅に寄って、夜になって帰ってくる。何度バイクを取りあげようかと思ったことか。若さとはブレーキがきかない。私も若かったから柔らかに言い聞かせるより、よく火花を散らしたものだ。二人でよく討論をした。一時間、二時間は普通、長い時は延々三時間。普通の男の子は外であったことをなんにも話さないが、この子は何でもよくしゃべるので、腹の底が手にとるように分かり、その点は育てやすかった。高校の先生との面談で、何もかも私が知っているので驚かれたことがある。高校時代は友人がよくわが家に集まって、古い二階に上がる階段はミシミシと歩くたびに音がして壊れないかと心配したものだ。友人は多い方が良い。

新住職（隆史）といっしょに

おばあちゃんの危篤の報せがあったのは、高校生の時だったと思う。臨終に間にあい、平和な死であった。年寄りの育てた子は三文安いというそうだが、私はそうは思わない。温かさと厳しさと、調和していれば、人間の情を知る人間に育つと、私は信じている。そういえる年に私もなった。

本堂雪害

隆史が高校三年の冬、大学入試を前にしたころ、長い積雪のため、遂に龍蔵寺の本堂の屋根がゴーという大音響と共に崩れ落ちた。

茅葺の屋根であったので重圧に耐えかね、ひとたまりもなかった。夕方七時ごろのことである。長靴をはいても雪の中にすっぽりはまる大雪。暗くて様子を見回ることも出来ない。本堂は落ちた屋根で惨憺たる有り様。それは火災と同じほどの災害である。「ぼくは大学へはいかない」と、そのとき隆史は言い出した。本堂再建。経済的なことも考え、後住たる者として、母親一人に重荷をかけたくないと決断した、健気な結論だった。

発生が夜のことで市役所もしまっているし、警察に電話をした。「雪害で本堂が落ちて、大変なのですが、どうかしていただけませんか」。ところが警察は人災をまっ先に尋ねた。幸い子供たちは夕食で庫裡に集まっていて、みな無事でした、と言うと、警察は人災がないと手は出さないのですという。私がどうしてですか？　それではどこに言えばよいのでしょう、と重ねて聞くと、分かりません、と取りつく島がない。と、そのうち各新聞社の方が次々と取材に見えた。夜中の十二時近くになって、ドンドン戸をたたき、起こされる始末。翌日、大きく新聞に報道された。

翌朝第一番に兼行市長さんが部下をつれてかけつけられ、滝の下から全景を見られ、「これは火災と同じほどの被害ですね。市も出来る限り協力しますから気を落とさないでがんばって下さい」と励まして下さった。その言葉に勇気づけられ再建に向かう気持ちが湧いた。

それからが有り難い。翌朝、職員が災害を聞いて見舞いに来たが、ある若い保母さんは黙って本堂のふすまを一人で全部取り外し、安全な場所に移されたと、後で聞いて、その実行力に敬服した。ことに佐畑地区全戸から、取り片付けの応援をして下さり、また卒園児が伝え聞いて、これも終日、床の下に入って片付け、清掃をしたが、一週間くらいの日数がかかった。炊き出しも毎日した。親戚の人も早朝から詰められ、皆さんへあいさつをして下さった。災害に遭って、初めて地域の人の連帯の強さ、ご厚情を心から感謝したことである。

隆史は自ら先頭に立って、よくがんばり、一番困難なところを受け持って立ち働いた。

・大学進学

雪害、そして再建等もあって一年、園で手伝い、隆史は翌年大学に進学した。本人は進学よりも実社会で働くほうが自分に向いているなど言っていたが、この件だけは私の意向にそって、勉強してくれた。大学在学中は全社協の中の全養協の事務局でアルバイトをしたり、ＢＢＳ活動をしたり、社会福祉の勉強をしたようである。

後住を育てた中で、私の子育て論を少し述べると、子供が持っている特技を見抜き、それを引き出す機会を作ること。例えばスキーをしたい、ギターが欲しい、看板を描いてみよう、というときはやらせてみる。本人はいろいろ自分を試しているのだと思う。次に、私は仕事をしていても女性である。世の中は男性社会。私の尊敬出来るほどの大きい人物の方に早くから連れて行って、会話の中に入れたことは私の意図した子育てであった。戦後の貧しい生活を味わった年齢、小さい器で狭い視野でしか物を見、考え得ない人物にはしたくないと思ったが、意欲を持って次々夢を現実のものにしていく姿を見て、これからどう生きるのか、一人の人間として、客観的に眺めたいと思う。それにしても、一対一の子育ては、養護技術に大いに私の参考になった。

山津波、そして砂防壁完成

昭和四十七年、四十八年と二年続いた集中豪雨があり、特に四十八年度の豪雨は、すさまじかった。夜のことでお寺にいたが、ゴォッゴォッとそれは形容しがたい怖い音響であった。家ごと豪雨で流されそうだ。M子と私は体をよせあって、息をひそめて一夜を明かした。それほどひどい集中豪雨であった。そのうち電灯も消え、園内電話の連絡も断たれた。

一夜明けて見たものは、境内は生木が裂け、大きい岩石が流れ出て、見るもむざんな有り様。参道のもみじ橋の上の水の深さは、膝より上で、本谷から流れる水の勢いで体ごと押し流される。園はどうなっただろう。交通は完全に遮断されてしまった。前夜は園の事どころではなく、家ごと流されると身の置き場もない怖さだった。水流のはげしい中を若い職員が、なんとかお寺に辿りついてくれたのは夜が明けてからである。「園舎は無事です。子供も全員無事です」と聞いて、心からほっとした。その日は中学生の男の子が私の手をとってくれ、やっと園に辿りついた。Ｃ棟のガスボンベは遠く離れた松岡さん宅の下まで流されていたとのこと。水も出ない。道は中央がえぐりとられて歩けない。私の車は車庫に入っていたのに、大岩が車の下に入り宙に浮いている。

境内は生木の山、大岩が山積みになって、本当に惨憺たる光景。何から手をつけてよいか、皆呆然とするばかりである。惨状を県の方も聞かれたのか、当時民生部長の井上謙治氏がお見舞いにきて下さった。その時C棟の真上の山頂はゆるみ、流水が続いていた。そして、よく調べられたらC棟の園舎の下の土地は大きくえぐりとられていた。「これは様子によっては移転するしかないかも知れない」と言われたほど、二年続きの集中豪雨は山の地盤も河岸ももろくしていた。それから伝え聞いたのか、卒園の子も駆けつけてくれ、私たち全員毎日土方をした。来る日もくる日も土方である。集中豪雨の翌日、私は市役所に連絡し、水の供給をお願いした。県の対策部はとうとう自衛隊を出動させ、給水車が来てくれた。今も地震の時、まず困るのは水だといわれるが、水が流れていても、その水は飲めない。食糧も道路が遮断され、途中から人の手で運ぶのだ。毎日毎日、飲料水と食糧品に苦労した。

一方、取り片付けは進まない。次第に皆の顔に疲労の色が濃くなっていく。この辛さ、また来年こないとは誰も断言できない。とうとうある日、県の土木課を訪ねた。そして、窮状を訴えた。しかし取り上げていただけそうもない。そうだ、これは政治力で実情を訴えよう。そうしなければ子供の命が守れない。「愛児の会」後援会長の野原県議会議員さんに、お願いにいった。話を聞かれ、驚かれ、早速現地の視察に来られた。

それから県議会にも取り上げられたのか、国庫補助で本谷に砂防壁、護岸工事が着々と進んだ。この山奥の惨状は見た者でないと分からない。六十名の子供と二十余名の職員の命を死守しなければならない。由緒ある龍蔵寺の景観も寺宝も。私の必死の願いはやっとかなった。

しかし、すべての工事が終了するには、何年もかかった。今、もみじ橋のたもとの標柱には次のような文が記入してある。

砂防河川　木崎川　（昭和四十九年一月六日）

本渓流は昭和四十七、四十八年の集中豪雨で上流の山腹崩壊による土石流が発生し、河川はもとより、龍蔵寺境内の一部が土砂で埋没するなど、大きな被害をこうむった。このため、昭和四十九年度から砂防工事に着手し、ダム工一基（高さ九米。長さ七十八、九米）流路工百三十米を施工して、昭和五十一年度に完成した。このダムは二つの渓流を同時に受けているため、中間点で断面を変更した変則ダムとして施工し、又、流路工は周囲との調和をはかるため、三面石張の造園風流路工として、整備したもので、県内でも珍しい施工例である。

昭和五十二年四月　山口県

昭和十八年、寺に嫁いでから何度山道として、豪雨のたびに土方をしては修復してきたか。市道になってからも、被害続きであった。やっと安全を保障された。この喜びは大きい。更に今までわりに風致を考えられない県の工事に、これほど景観をそこなわない配慮をされたとは、ありがたい限りである。野原県議さんのご尽力に、そして、県ご当局に対し、心からのお礼を申し上げたい。

宝物収蔵庫にまつわる話

古刹の龍蔵寺には、国の重要文化財の大日如来、県指定の文化財、千手観音、市指定の毘沙門天像、不動明王像、唐渡りのおずしの扉、明治維新の七卿の遺墨等々、数多くの文化財がある。私の住職時代から、これだけの文化財を持ち、万一山火事でも出たらどうしよう、そのことが私の大きい懸念であった。

昭和五十三年ごろ、福祉事業には補助金が出るのに、文化財に関してはなぜからちがあかない。ある日、文部省の美術工芸課を訪ねた。課長補佐さんが応対された。申請書を頂き説明を聞いた。設計士と一緒であった。申請書をたずさえ、また訪ねた。と、思いがけない方に巡り会った。私が名刺を出すと課長さんが名刺を下さった。名刺には肩書と西川杏太郎と書いてあった。「僕を覚えておられますか」と、言われびっくりしたが、思い出せない。「僕は大学生時代、龍蔵寺に行きましたよ」。それを聞いて、アッと気がついた。白石技官が二十年代の終わりごろ、大日如来の修復のため下調査に来られた。その時、供をされていた学生さんだったのだ。「思い出しました。白石技官とご一緒だった方ですね」「そうです」。なんと懐かしい方に三十余年振りに出会えたものか。課長さんが、「よく覚えていますよ。あの山の中では、万一のことを考えると何とかしなければ文化財は守れませんね。僕に任せて下さい」と。若き日龍蔵寺を訪ねられてご覧になった、滝のある寺、観音堂、いちょうの木を目に浮かべられ、まぁお茶でもと、昔話に花が咲いた。

世間は狭い。そして、私にはなんと運がついている。それから話はトントン拍子に進み、永い間なぜか山口市で積み残され、龍蔵寺が末尾にされていた文化財の補助が、一挙に出された。五十四年提出した申請は、全部補助がついた。

不思議なめぐりあわせである。西川杏太郎氏は、奈良の国立博物館長に栄転されたという。五十五年の秘仏千手観音の御開帳と収蔵庫の落成式を同じ日にした。そして、新住職の晋山式も併せて行った。

本山より私が三十年の永年勤続の表彰を受けたのも、この年である。二足のわらじをはいた三十年は永かった。一人何役こなしたことだろう。仏様の御加護のおかげでここまでこられたと有り難く、新住職にバトンを渡してほっと肩の荷がおりた。

同期の中から新門跡誕生

昭和二十年代法流伝授を受けたが、同期に伝授を受けた松村祐澄師が後に門跡になられるとは、夢にも思いもしなかった。翌日からの教学講習で、病気になられた大岡師の親友である師の友を看病される優しい姿に打たれた。あまり苦しまれるので、私は父の漢方薬をアドバイスしたのをおぼろげに覚えている。師を何となく知ったのはその時である。そして日ならずして、私が既に経営していた養護施設を創設されるようになる事など、予想もしない事であった。その後保育所を手始めに、養護施設、精薄児者施設、それに付随した設備を次々と拡張され、今は民間では四国一の福祉事業団にまで成し遂げられるほどの手腕を発揮された。

同期の法流伝授を受けた同志が、四十数年を経てこんな大徳になられるとは予想だにしないことであり、誇りに思う。

人がその才能を発揮するには、さまざまな要因があると思う。まずご本人が実力を培われたことと思うが、ここで特記したいのは、御母堂に実に孝養を尽くされ、白寿まで生き抜かれた。それは大きい徳であり、また、あの生まれながら知的障害のある子たちの慈父として、いつくしまれ、子供達も師を誰よりも慕っていることである。福分が集まったとしか言いようがない。

多くの人達に推され、止むなく福祉への意欲を胸に秘めて、出馬されるまでの苦悩の日々は計り知れないものがあったと、お察しする。しかし人間はその人をおいてない、と、求められる人は果報な方と思う。

早暁からの毎朝、霊明殿での修法は、ある意味では自行でもある。晋山式も七百名の各管長様方ご出席され、盛会裡に終わり、これから総本山仁和寺門跡として、また管長としての任は重く、末寺の期待は大きい。その実績を強靱な意志力と包容力で一歩一歩実行されると思う。大任であり並大抵の努力ではできるものではない。どうかご法体を御大切に、無事大任を果たされるよう祈って止まない。

私は密教学院生時代、本山に一年いた。毎朝聞こえる岡本猊下様の修法の鈴《れい》のさえを、じっと耳を澄ませて聞いた思い出がある。あの門跡室で孤独に耐え、修行三昧が門跡様の生活としたら、忍の一語に盡きる。現門跡の自由奔放《ほんぽう》な思想が、現恵愛福祉事業団を創設されたことを思うと、時流にそった、新しく躍動する門跡像が求められていいはずである。活力のある本山を、末寺の一人として祈念して止みません。

第九章

さまざまな花に出会いて

慈雨

とび越せない川

弟敏彦は当時九大の医科在学中であった。終戦直後、私は突然弟を訪ねて福岡に行った。そこで九大で起こった米軍捕虜生体解剖の責任を問われ、解剖学教授の平光吾一先生が逮捕されていることを知った。平光教授とは父方の遠縁に当たるので、二人の弟は日ごろ特に親しく出入りし親切にしていただいていたようだ。

留守中、奥様はリウマチだったのか、手足がご不自由で病床にあった。早速、お見舞いした。九大教授の奥様として、師事していた学生の出入りも多く、解剖学では医学界の権威の先生である。その御主人が突然逮捕という、思いがけない事件に巻きこまれたのだ。教授は解剖にいっさい関係してはおられない、ただ解剖教室を他の方が使用したために罪に問われたというのが真相である。病床にある奥様は歌人で、与謝野晶子先生のお弟子さんであり、その時私に自作の歌集を下さった。か細く、上品で静かな方である。その日、二人でしみじみ話した会話は、今も忘れられない。

奥様は「人生には、いろいろなことがありますね。小さな水たまりもあれば、とび越せない川もあって、私もこうして毎日病の床にいるといろんなことを考えます。ああ、このたびの不幸な出来事は、どうしても出会わなければならない川なのだと、これも運命なのですね」

私の主人は戦場の露と消え、奥様は栄光の道から奈落の底へ、汚名をきせられての別離。同病相憐むというか、お互いに悲境の中にいる者同士の胸中が察せられ、二人の間で静かな時間が流れた。私は奥様のとび越せない川に出会う運命への諦観を教えられた。

帰山して戴いた歌集をひもといた。奥様の歌は情感に溢れ、晶子先生ゆずりの歌に魅せられ、酔った。

その後、戦犯の刑も終えられた先生は上京され、医院を開業されてガンの研究をされたそうだ。御夫妻で静かな晩年を送られたと風の便りに聞いたのは、随分歳月が流れたあとだった。

佐波成美《せいび》師に導かれて

それは佐波老師が、県社会福祉協議会の副会長となられて、お出会いしたのだろうか、愛児園開園間もないころだった。当時子供たちと寺の庫裡で寝食を文字通り共にしていたころである。里親、そして園長とは名ばかりの母親兼父親役として二十四時間、それこそ学校に行っている間を除けば四六時中生活を共にしていた私は、子供にのめりこみ、一喜一憂の連続で、一日終わるとくたくたになったものだ。

人間は愛情を与えるばかりでは心が渇く。そのころは私も若かった。心が鬱《うつ》すると自然に真証寺に足が向く。佐波老師の前に座り、ゆっくりいれて下さるおいしいお煎茶をいただきながら、なぜかほっとする。よもやま話をしているだけで、心が和んだ。

子供と保母さんと二、三十人の世帯なのに、主婦業から尼僧へ、そして養護施設の共同生活へと目まぐるしい人生の変転に、私自身未熟で一生懸命なのに、精神的に疲れはてる。そんな時、無性に御老師にお会いしたくて、よくおすがりにいったものだ。世の中の酸いも甘いも味わいつくされた師も、御長男と御次男を戦死で失われていたのに、一度も愚痴めいたことを聞いたことがない。心中どんなにお寂しかったかと今にして思う。

だから私の気持ちも読んで下さっていたのだろうか。うっかり長居してお昼時になると、奥様が、「昼食におそうめんを召し上がりますか?」と、そっと用意して下さったものだ。定例の法話を聞く会がある由で、そんな時、お孫さんを膝にのせて淡々と座談をされると聞いて、それが不自然でなく、ほんわか温かいムードは不思議である。慈父のようなお方だった。

そのころ県社会福祉協議会に勤められていた重枝さんが現職で急死された。亡くなられる直前、「またお参りしました」と、再々龍蔵寺においでになり、人懐かしげにお話をされた。そして思いがけず、間もなく訃報を聞き、真証寺で葬儀があった。そのときの佐波師の弔詞の言葉を今も覚えている。「昨夜はしとしとと雨が降っていました。じっとその音を聞いていると、無性にあなたの生前のことが去来して眠れませんでした」と、切々と語りかけられた情のこもった弔詞に耳を傾けた。参列者のすすり泣きが聞こえる。その後間もなく御老師は藍綬褒章を授与され、真証寺の本堂で祝賀の宴が開かれた。お招きを受けて出席したが、格式ばらない和やかな会で、御老師らしい家族的な温かい会であった。姪御さんの児玉和子さんが日本舞踊を披露された姿が目に浮かぶ。皆に囲まれて、その日の御老師の笑顔はなんとも言えず含羞のある笑顔だった。

あのころ師に会えなかったら、私の心の渇きを誰がいやしてくれただろう。仏門に入って間もない私は、まだ心の師を求め続けていた。何にもお話ししなくても、対座しているだけで相手の心が安らぐ。これが宗教家の究極の姿ではなかろうか、と当時未熟な私はしきりに思ったものだ。

老衰で亡くなられた御老師の葬儀に、水野文雄総代が切々と心のこもった弔詞を読まれた。実に多くの人のために貢献され、惜しまれて旅立たれた。黄泉路《よみじ》できっと生前のように美しく平和でいらっしゃると信じている。そのころ膝に抱かれておられたお孫さんが、今、当園で保母さんとして働いて下さっているのも不思議な縁《えにし》である。

伊藤理基《まさき》氏

山麓のこんもりした森に入ると、すぐ龍蔵寺の境内である。「ほろほろと山吹散るや滝の音　翁」と刻んである芭蕉の句碑が、境内とつづきに建ててあって、滝の音が裏山をふるわせている。苔むした石段を登って、古風な楼門をくぐると正面が瓦葺の観音堂。右手に藁葺の本堂と庫裡。その中間に俗に芭蕉様と呼ばれている小さな堂宇がある。まず本堂に賽すると、白無垢に墨染の若い尼僧に迎えられた。まこと淑やかな、微塵も邪心のない風情である。――

これは伊藤理基先生が初めて龍蔵寺に参詣された後、防長新聞に載せられた記事の書き出しである。この日の先達は小郡の田坂柏雲先生であった。

伊藤先生は四十余年にわたり、中央でジャーナリストとして活躍され、戦後は郷土の山口に帰られた。坪内逍遙先生の文芸協会演劇研究所の第一期生として、先生に愛されたのか、坪内先生愛用の机を遺品として大切にされていた。俳句をよくし、風草という俳号を師の逍遙先生から戴かれたと聞く。私が知ったころは、防長新聞の主筆兼編集局長であった。

私は生活の方便に、若い男女十名くらいのお弟子さんをかかえ、週一回お茶のお稽古をつけていた。その一方どんどん入所児は増加して、養護施設の認可を得た。ある日、街でひょっこり先生にお会いして、「愛児誌第二号」を差し上げたら、その翌日、社説に「滝のお地蔵様」の題で取り上げて下さった。その社説には先生の慈愛こもる言葉が連ねてあった。

先生御夫妻の優しいエピソードを一つ。

その日は、金木犀の花の香の流れるさわやかな日でした。久々に先生宅を訪れた私に、玄関までお出になった奥様が、「ミィが死にましたのよ」と言われ、後の言葉は涙声であった。見れば玄関横の庭畑の片隅に一尺くらいの自然石のお墓があって、下は柔らかい土がこんもりと盛ってあり、新しいお花も供えてある。私はお線香を立てて、御夫妻の愛猫ミィ子の墓にぬかずいた。私の口からいとも自然にお経文が流れ出た。奥様のお話によると、ミィ子はある日近所に遊びに出掛け、河豚《ふぐ》の臓物の捨ててあったのを食べたとみえ、戻ってくるなり吐き出したが、しびれが来て体がかなわなくなり、奥様がオロオロ泣きながら獣医さんのところへ抱いて行かれる途中、とうとうこと切れてしまったとのことでした。

ミィ子の利発さは、夜お便所に行きたい時は「ニャオ」と鳴き声で知らせ、夜更けて帰った時はまるで人間のように気兼ねしながら、前足でトントントンと雨戸をたたいて知らせる行儀の良さだったとのこと。後で聞いたお話では、田坂先生は「猫の塚」の絵を画かれ、今も先生宅に残してあるそうだ。伊藤先生は学者の風貌にも見えるのに、先生と接すること十年、幅広い活躍の中で私は春の陽のような温情に接した御夫妻との縁だった。

（伊藤理基氏追悼文集より一部抜すい）

和田健氏

私が愛児園開園当時、氏はちょうど市の社会課の課長で、福祉の仕事をしておられた。何しろ、始めたばかりで、何でも聞いて学ぶ時代だったから、よく市役所に足を運んだ。その課長さんが、ふらりと龍蔵寺を訪ねられた時の詩がある。季節は冬か早春のころだろうか。

五百年をそびえる銀杏の樹
伝説の絵馬を納める観音堂
滝音が鼓のように聞こえてくる
石の地蔵尊　羅漢　不動明王
御仏達もひっそりと苔むし
紅い椿の花が岩陰に濡れている

庫裡を訪えば子供の声二つ三つ
「愛児園」の標札　木の香も新しく
里親の尼の住持はお留守だった

昭和二十六年のお正月。私は不遇に育った子供たちに明るい家庭の味、そして、お正月を味わわせたかった。そのことを課長さんに話した。それが一日一泊里子の始まりである。市の婦人民生委員さん方に相談され、実現したものである。斡旋役は和田課長であった。日ごろは活気のある市役所も、元旦は静寂。当時の市役所は今の郵便局の位置にあり、二階が社会課で、階段を上がる子供の足音だけがひびいた。そして、その日の里親さんと初顔合わせをして、それぞれ引き取られていった。婦人民生委員も制度が出来たばかりで、物わかりの良い苦労人ばかりだった。待ちかまえて、喜んで連れだって帰られる後ろ姿まで覚えている。

私も新鮮な気持ちで、この事業の成功を祈った。ある民生委員さんは、女の子を受けられて「良い躾がされている。どういう育て方をされたか教わりたい」と、身に余る言葉をいただいた。しかし、中には里親さん宅の机の引き出しから、黙って欲しいおもちゃを持って帰った子もいた。

生まれも育ちも千差万別、教えてすぐ直るほど単純な成育歴ではない。不幸を背負った生まれ合わせなのだ。それでも「また、来年いらっしゃいね」と、温かい言葉をかけあった。福祉の仕事は一人でも多くの理解者なくしてはやっていけない。こうして何年か私と社会課の和田課長、その後を引き継がれた方によって永く続いた。手元に、山下太郎市長と和田氏とが立ち会われ、市長室でお布団の綿を婦人民生委員の皆様から戴いている写真が残っている。創立当初、よくしていただいたのだと、写真を眺め、あの当時を思い起こした。

和田課長との縁は四十年に及ぶ。間接的にいろいろとお世話になった。このたび自叙伝を書くきっかけは氏である。氏の詩作の力は、山口地方より中央で有名と聞いている。文才があり面倒見の良い氏のお力にすがって、本著の草稿にも目を通し、校閲していただいた。人間味のある氏に出逢えたおかげで、こうして自伝がまとまった。

昭和二十六年一月十五日の「山口市民報」に次のような記事が載っている。

元旦の夢さめやらぬ二日の朝、お休みでガランとした市役所の社会課から子供と大人の楽しい笑い声がもれてきた。「お正月早々から正月里親などと、御無理なことをお願いいいたしますが、何分よろしく家庭の正月気分を味わわせてやって下さい」と、和田課長の声につづいて「ほんとうに野育ちでしつけも充分でなく、はずかしいのですがよろしくお願いします」と、吉敷愛児園長の宮原さんが頭を下げる。そのそばで新しい服に新しい下駄ばきの男の子、振り袖姿の女の子など十一人の子供が、早くも温かい夢を追って頬を紅潮させている。「さあ坊や、いらっしゃい。お家でみんな待っていますよ」「まあ、この振り袖きれいだこと」と、一日里親のお母さんたちもうれしそう。やがて手を引き合って、大きな市役所の門松に見送られ、それぞれの家庭へ急ぐ後ろ姿を見送りながら、和田課長と宮原園長さんの眼はぬれていた。

私は久しぶりに取り出した古いスクラップブックを広げ、懐かしく読み返した。この企画の発想は宮原園長で、私自身は初めての試みに、いささか心配だった。しかし、これを市内婦人民生委員の主だった人たちに持ちかけたところ、即座に快諾され、かく実現をみたのである。

一日里親は、その後も永く継続され、市の年中行事となっていたが、宮原園長は福祉の事に関してはさすが先を読まれる人であった。

もうひと昔前のことだが、書いておきたい。それは鼓の滝の前にある「愛児の塔」のことだ。同じく昭和二十六年の新聞の切り抜きを見ると「浄財募って〝愛児の塔〟若き尼僧全国の孤児の霊弔う」（中国新聞）、「眠れ無縁子仏よ　尼僧が贈る〝愛児の塔〟」（朝日新聞）という見出しでそれぞれ大きく報道されている。

当時美妙さんは三十二歳だった。収容児二十六名をわが子のように可愛がっておられた。たまたま園で病死した幼児の慰霊のことから思い立ち、全国から薄幸な子らの遺骨の一部を集め供養することになった。後略。

（筆者、元山口市福祉事務所長・詩人）愛児三十周年記念号より再掲

宮中参内

思いがけない好機を得て、故古谷社長さん（現新光産業）のお供をして甘露寺侍従長様と保科女官長様との御陪食の光栄に浴した。

何しろ宮中の参内、そして、各宮家へのごあいさつという、山口の山寺に住む尼僧の立場では容易に出会えないチャンスに、ただ緊張しっぱなしで恐懼《きょうく》感激した。社長さんの特別な思いやりだったと、今にして、その温情に言葉もない。ある夏の夕刻、約束の時間に、私の宿へ黒塗りの立派な車を寄せて下さりお伴した。社長さんは果物屋に寄られ、当時私は見たこともない珍しいパパイヤや、名も知らぬ珍品の果物籠を用意されたが、実に心がこもった品々である。車窓より眺める表参道の並木は青々と茂って美しい。間もなくお邸に着いた。よほど甘露寺侍従長様と御昵懇《ごじっこん》の様子で、和気あいあいとした座の空気である。

浮世の風とは無縁の方でいらっしゃる侍従長様、保科女官長様は御兄妹の由である。玄関でちらと拝見した女官長様の下駄のはなおに、ほんのり紅色が配色されていた。尼僧の私は使わない色彩に、いかめしい宮中の外の世界に、こうしておでましになるのが、僅かな息抜きなのだと思えた。近々と拝見すると、お二方はテレビ等で感じるように優しく、保科女官長様の若々しさに驚嘆した。

「今日はうなぎのかば焼きをいかがですか」と、尋ねられたが、私は尼僧ということで気を遣われ、おいしいいなり寿司をご用意下さった。ちょっとしたところで皆様の気配りを感じたが、何しろうなぎのかば焼きの焼きたての香りは、とてもおいしそうであった。「お持たせの果物だけれど」とおっしゃって、初物の果物も頂戴した。

よもやま話は楽しくて、誠に浮世離れした上品なお話である。皇后陛下の御染筆の花の日本画も出してこられ拝見した。もう玄人はだしの見事なお腕前と申し上げてよい。素晴らしいご趣味と溜息が出る。私にもお声をかけて下さり、勢い養護施設の話をした。珍しい話なのか次々と質問されるので、調子に乗ってお話ししていると、そばで「もうこの辺で」と、私の袖を社長さんがそっと引かれ、ハッとした。世界が違うのだ。刺激が強過ぎた、と後で少し後悔したが、そのことを一言も社長さんは口に出されない。大きい人物なのだ。今思い返しても、一度もお叱言《こごと》を頂戴した覚えがない。ただ黙って、私の見聞を広めさせ、仕事のためになるようにあらゆる機会を作って下さった。

御仏の思し召しか、素晴らしい出会いであった。人生の師であったと、折にふれただ御冥福を祈るばかりである。西日本一の多額納税者である。みじんもそれをひけらかされたことがない、実に質素な衣服であり食事である。たびたび御親戚や知人の方からと中古品を使いに持たされた。また、お寺に山茶花の木や木蓮の木等各種の花木をご寄贈下さったが、名も告げず庭師がお使いに来られるので、どなたのご寄贈か不審に思うことがたびたびであった。徳を積むとはこんな姿なのだろうか。

そのころ私は時々講演や布教に招かれていた。社会経験が浅く、話のネタがないことを何かの時にもらしたら、一灯園の西田天香先生の御法話のあるたびにご招待下さったし、山科の一灯園の見学もした。宗教は教義で終わり日常生活から離れやすい。一灯園は見事に宗教生活の実践修行の場であった。

元公爵夫人　毛利誠《のぶ》子様

女学生時代、毛利邸の緑の松並木を通り、お庭を眺めながら通ったが、そのめったに拝顔出来ない毛利公爵様に拝顔ができることになった。昭和九年ごろだったと思う。女学生一同整列して、シンとした中でお待ちした。遙かかなたに、大きい真っ赤な傘を差しかけ、その中を静々とお出ましになった。そのころの華族様とは身分に大きい差があって、平民は近づけなかったのである。それが終戦後の法律改正で爵位は無くなった。

私はある用件で、どうしても毛利誠子様におめもじしたいことがあり、職員に電話させた。「奥様の御都合はいかがでしょうか?」と職員が尋ねたら、「奥方にですか?」との言葉に、そんな上流の世界を知らぬ職員はどぎまぎして、ただ「ハイ」と返事をしたそうだ。

日取りが決まり私は僧服で出かけた。すでに御夫妻がお待ちになっておられた。恐縮しながらお座敷に上がり、ごあいさつして用件に入ったが、学生時代とあまりの変化に私のほうがどぎまぎした。茶菓を頂戴して帰ったが、「ではおいとまいたします」と立とうとしたら、さっと奥方が私の履物を直されたのに驚き、ただただ恐縮した。確か奥方もお茶をたしなまれると聞いていた。その作法を自然に出されたのだろうか。私もほんの少しおけいこしたが、とても及ばない。高貴なお育ちの方なのに、よくここまで御自分を変えられた、と敬服した。

御夫妻との対話は和やかで、素敵な御夫妻と感じ、夏の暑い日、白衣も汗でじっとりとした。人間の美しさとは誠子様の姿ではなかろうか、と思った。

その後、ソロプチミスト山口の初代会長になられ活躍されたが、私が加入した時は、もう辞められたあとであった。

時折、何かの席で御一緒になると、懐かしそうにお優しいことばをかけていただき、良い方との出会いを温かく心にしまっている。

病いの床につかれ亡くなられた。告別式にはソロプチからも多くの人が参列し、夫人の在りし日の徳を偲んだ。

新光産業社長との出会い

昭和三十年ごろ、ある日突然、当時長者番付け西日本一の古谷博美氏がお参りに見えた。そのころ山口県や九州にも、大きい炭坑をたくさん所有しておられたようである。

伝雪舟のお庭を拝見したいとおっしゃった。黒塗りの素晴らしい車にお抱え運転手付である。ご本人は一見すると禅のお坊さんの風貌である。いずれ近いうちに重森先生とご一緒に、別府の鉄輪《かんなわ》にある自分の別荘にお招きしたいが如何でしょうか、野原様もご一緒に、とおっしゃった。すでに野原旅館には案内があった後のことである。温泉があり、その温泉に露天風呂もあり、その露天風呂は川のようになっていると案内書に書いてあった。野原のおごう様と相談の上、ご招待をお受けすることにした。

別府は意外に遠い。駅に着いたら迎えの車が来ていた。着いて驚いた。何と広大な敷地、場所は地獄めぐりの道順の途中にある。確か坊主地獄の隣接地だ。別荘兼会員制の旅館ではなかろうか。数寄屋風の建物があちこちに点在している。まずお風呂にどうぞと女中さんに言われ、生まれて初めて露天風呂に入浴した。風呂は外部からは見えないように竹垣のしつらえがある。ゆっくりくつろぎ部屋で待ったが、待てど暮らせど夕食の案内がない。

る様子である。

汽車の長旅とお風呂でお腹はペコペコ。さすがに野原のおごう様も待ちくたびれておられ

八時ごろ板木を叩く音がして、女中さんが案内に来られた。行ってみると別府湾を展望できる大広間である。見ればお膳がずらりと並んでいた。こんなに多くのお客様がと、わが目を疑った。社長さんのごあいさつ。「皆様お待たせしました。ここは全員が揃われないと食事をしないことになっておりまして、ハイ。お腹がすくと食事もおいしいと思いますので」とすまし顔。そのうち重森先生外ずらりと並んでの会食となる。そして、芸者衆の姿もある。こんな晴れがましいところにノコノコ来るのではなかった、と後悔したが後の祭り。

そのうち芸者の三味の音や太鼓、唄も入って賑やかな座になった。お酒は飲めないし、とうとう野原のおごう様は、「あのーご飯はいただけませんか」と恐る恐る申し出られた。お腹もすき過ぎるとおかしくなる。後で女中さんがそっと洩らしていたが、社長さんが最後までお酒の座を務められたのは初めてとのこと。何しろ飾り気のない面白い社長さんである。七十云歳かと思うのに、稚気の抜けない野人に初めて出会った。部屋に帰って、さすがの野原のおごう様も社長さんの独善ぶりに度ぎもを抜かれたようだった。大事業を成し遂げる人の生きざまを、それからいろいろの角度で学ばせられたのである。

次にご招待を受けた時は、すでに重森先生作のお庭は築庭が完成していた。そして、どこで聞かれたのか、当寺でいつもお願いしている庭師さんが、仲間を連れて玄関の近くに人工の滝を作っていた。実に良い滝である。招待するときは、いつも誰か連れていらっしゃいとおっしゃって下さり、厚かましくもそのときは職員旅行に行った。ちょうど一灯園の西田天光先生がいらしていた。

ところが車中で職員の一人が目いぼが出来た。そのうち次々と感染してしまった。職員全員片目は眼帯である。みなで地獄めぐりに行くことになったとき、社長さんいわく、「なんとお宅の園長先生はけちで、両眼開いていると見物料を全額払わなければならないので、職員を片目にしてまけさせるつもりだ」と。そして、職員全員にささやかな小遣いを下さった。帰りの車中でやっと職員はその話に悔しがったが後の祭りである。ことごとに冗談を言ってみなを笑わせられ、ご自分はすまし顔。西田天光先生の前で、「この人は」と私を指さして、「ひどい人で、なんとご主人を冥土まで蹴飛ばされたのですよ」と。天光先生は仏様のような方。妹にそっと、「お宅のお姉さんのご主人は、なんで亡くなったのですか」と聞かれ、妹が「戦死です」と答えると、「ハー？」と、この先生も生真面目でかつがれた。

あるとき、るり学園の村上園長が、社長さんから多額な寄付を戴かれたことを知り、愛児園にはなぜ寄付して下さいませんかと尋ねたことがある。

「お金を出してあげるのはたやすいこと、しかし、一度あげると頼り気が出る。それより自力で国庫補助とかいろいろその他の力をかりる方法として、代議士さんへの陳情を一度教えて上げるから、一人で陳情しなさい」と周東《すとう》英雄先生や田中龍夫先生に紹介して下さった。以後私はそれを最大限に活用したのである。

夏の日、私も仕事で上京することがあり、社長さんも会議で上京された。良い機会だからと宮中に参内されお伴をした。戦後の皇族方も大変な時代。陰でそっと郷土の名産を献上しつづけられたようだ。その日は宮中の賢所までご案内があり、置いてある下駄が焼杉であるのに胸のふさがる思いがした。各宮家へもごあいさつに行かれ、私は社長さんの後で小さくなってただ頭を下げた。秩父宮妃殿下が私が社会事業をしていると聞かれ、「子供たちのために尽力して下さい」と、お言葉を賜わり恐懼《きょうく》感激した。

随分経って社長さんの御長男の奥様は九條家から迎えられたことを知った。九條家は大正天皇の皇后陛下の御実家である。御長男の新婚時代に社会見学の意味か、若夫婦で龍蔵寺に立ち寄られ、妹が心をこめて朝食を差し上げたことがある。その社長さんも御子息の御長男も鬼籍の人になられた。当時学習院大学在学中だった御次男が社長になられた。あるとき思いがけず御夫妻で訪ねて下さった。パッとお顔を拝見して、社長さんと瓜二つなのに驚いた。父と親交があったと聞いていますと懐かしそうに話される。お母様はお元気でいらっしゃいますかと昔話に花が咲いた。私は素晴らしい出会いによって、大いに学ばせていただいた。大恩人と今も心から感謝している。晩年、身障者の木村浩子さんのことを聞かれ、訪ねられていろいろ激励され援助されたと聞く。木村浩子さんの絵は素晴らしく、スケールの大きい人生を歩まれ、私の尊敬する一人である。古谷社長さんほど、生涯陰徳を積まれた方を私は外に知らない。

仏縁であり、伝雪舟の庭の縁で出会った人生の師である。

一灯園の西田天香先生

宮中参内

ある日、何気なくテレビのチャンネルを回すと、NHK教育テレビ番組で在りし日の天香先生の慈顔が大写しに映し出された。三十年近い遠い日のことなのに懐かしさに胸が一杯になった。

故古谷社長さんが帰依され、私も法話をよく聞いた。天香先生の教えの中に、「無一物中無尽蔵　花あり　月あり　楼台あり」という句がある。私はこの句を聞いて絶句した。私も宗教家のはしくれと自認しているが、この心境に程遠い自分を恥じた。無一物中無尽蔵、日ごろ考えない発想であり、その中に花あり月あり楼台ありとはなんとすばらしい無の世界ではないか。目からうろこが落ちたとはこの時の私である。

ある時上京の帰途、念願の京都山科の一灯園を訪ねた。連絡して下さっていたのか、園の外まで数人の方が合掌して出迎えて下さった。着衣は黒の作務衣が制服のようである。実に質素でさっぱりとしている。園内を一巡して案内して下さった。この園の信条は起きて半畳、寝て一畳で、それが実践され、園内は現金無用の生活である。丁度早朝でお勤めだったようで、本尊様に当たるものは円である。

京のはずれなのにこの一画は別天地。川のせせらぎの清らかさ、小石に至るまで磨かれ、さながら広い庭園である。この宗団は祈りと布施行の生活が実践されていた。天香先生の人間的魅力にひかれ、一人二人と集まられたのであろう。以前地位のある方も何かを感じ入団されたと聞く。

それにしても何と清らかな無欲な人生を生き生きと共同生活されているのに驚嘆した。本も毎月出版され、さまざまな人生を歩んだ方の手記を読んで私なりに感じたものである。その先生亡きあと、すでに二十余年も過ぎ、今も一灯園の灯は消えず、脈々と受けつがれている。先生に旅で用いる小さな茶器で何度かお抹茶を差し上げ、肩をもんで差し上げた。在りし日のあの温顔、日ごろ忘れていた昔を偲ぶ思い出深い一時であった。

天香先生の逸話は、事業に失敗され、泊まる所もなく祠《ほこら》で一夜を明かした朝、ふと、赤子の泣き声に目覚め、無造作に乳を飲ませる母の姿を見られ一念発起されたという。無一物になった時、人間の原始、自然の摂理を感じられた。それが原点であろうか。身一つになって初めて、無欲の中から得られたもの。それまで大きい事業をされていて破産され、身の置き所もない身になって初めて感得されたものであろう。

いつも黒の木綿で何のてらいも飾りもなく、頼まれれば法話もされるが、あの悟り切られた仏様の人柄に私はひかれた。無我の境地に辿り着かれるまでの浮世のしがらみから、己れを解き放たれたことは、想像するだけで詳しくは知らない。多くの信者さんに囲まれての余生は、幸せな人生だった。ふとした御縁で晩年の先生に接し、人間の無の幽玄さを学んだが、自我を捨て切れない己が姿を省みて、まだ業の深さを感じる。

周東英雄先生

F社長さんから紹介されて、まずお世話になった先生で、清廉潔白のお手本のような方だった。面ざしが大平総理にどこか似ておられた。秘書の方が、「うちのおやじほど金にきれいな先生は少ない」と、言っておられた。昭和三十三年のころであった。

愛児園には電話線が引けず、それまでの連絡は吉敷支所まで出向いたり、湯田の河村商店が連絡中継所になり、電話機のそばに坐りこんで、県庁や各児相にかけたものである。随分商売の邪魔になったことであろう。上京した際、電話架設をしたいのですが、とお願いしてみた。聞き終わられると、その方面の関係者に電話をされた。私の上京中、すでに現地の愛児園では実測され、留守をしていた職員は面食らったそうだ。

その時は、およその経費は約六十万円くらいと聞き、とても経費がなく、一応お願いして帰った。依頼すると直ちにその場で実践される真摯な先生であった。帰っていろいろ補助金は出ないか当たってみたが、何しろ電話線は良城小学校までしか来ていない。それからの距離が長いので、松岡雅さん宅と親子電話にすれば二分の一で済む。相談の結果、親子電話で二十万円余で架設できた。この山奥でも文明の利器が使える。夢のようであった。

毎日出かけなくて居ながらに話が出来る。当時の感激は忘れられない。

それからも国庫補助金等随分お世話になり、また、寺の雪害の時の寄付も過分にして下さった。生まれて初めて頼まれた先生の応援演説。それは前座なのだが、何を話してよいか戸惑ってしまった。たった一度大きい拍手があったのは、「先生にもう一度赤いじゅうたんを踏ませて下さい、お願いします」と声を大きくした時だけだったが、枯木も花のにぎわいにも足らぬ足手まといだったと、後々まで自分の不甲斐なさを悔やんだものである。

先生が晩年長門市で交通事故に遭われた時、お見舞いにかけつけた。以前から存じ上げている奥様と、その時初めてゆっくりお話しした。東京の山の手育ちの奥様は、肌の色が何とも白く艶々として、あんなに美しい肌の人を知らない。育ちの良さがことばに滲み出て、良い方にお会いできた幸せを感じたことである。先生は故人になられ、長門市に胸像ができた。一度、先生そっくりの胸像にお目にかかりに行きたいと思いつつ、まだ実現できなくて残念である。

昭和六十三年、林代議士の事務所で思いがけない幸運か、先生と周東先生の奥様が電話をしておられ、私に代わって下さった。何年振りだろう、懐かしい方と電話で長々とお話しをした。おみ足が悪く出かけられないので、立ち寄って下さいとのことであった。林先生も思いがけない奇縁に驚かれたようであった。

下関市中部少年学院長、小野倉蔵先生

山口県下に養護施設がどこにあるのか、いくつあるのか、知る由もなく、ただひたすらに僧侶として法務に心を砕いた私も、ある時、相護会（児相と養護施設の連絡会）が発足して初めて会合に出たのは、昭和三十年ごろではなかっただろうか。また、広島県の六方学園長と山口県の共楽園長が中国地区の連絡と懇親会を企画されて、同志のいらっしゃるのを知ったのも、大分経ってからである。

あのころ、仲間の施設長さん同士は、親戚のような親しさであった。

初めて中部少年学院を訪ねた時は、施設は学校の講堂にあった。どこの施設も全国を浮浪する子を収容し、てんやわんやの毎日で、食べ物を調達するのに明け暮れていた。初めて小野園長さんに会った時、私より年輩の方で人生の経験の豊富な方だと思った。当時、奥様はまだ姓が小野さんではなく蔦子さんの名だけ覚えている。山田五十鈴に似て、目のぱっちりした美人という印象が残っている。学院にいる子は大きい男の子が大勢いたようだ。それから火事で講堂が焼け、入所の子の煙草の火が原因と風の便りで聞いたような気がする。今は園舎が山口県一立派になってさすがとそのご手腕に敬服する。

相護会も軌道に乗り、会長は順々に代わって、福田県会議員さんも一時期なされ、いつの間にか私は副会長で事務をさせられていた。今の児童収容施設事務局が出来て、事務から解放された。それからずっと小野会長が山口県の養護会長として、骨身をけずってやってこられた。大変だったと思う。途中、下関市議会議員もされ、副議長になられた。どうしても一度は議長の席にと応援にかけつけたが、いろいろ政治の裏もあったのだろうか、出馬を断念されたように思う。そして今は全国の養護施設協議会の会長職である。私も小野会長のお引き立てか、中央の協議員になり、調査研究部委員として微力ながら勉強させられた。役を持つことの責任の重さを今もずしりと感じている。全国に多士済々の人材の多い中を、随分永い間中央に出ている。

小野山養会長の命令で、昭和四十年代、デモ隊を十人くらい連れて、ハチマキで行進した日々は懐かしい。措置費の増額や今の制度になるための、予対部の人の昼夜を分かたぬ努力に頭が下がる。中央でいろいろな園長先生方と仲間になれた。今、調査研究部と児童処遇と労働基準法特別委員会の二つの委員会に属し、トップクラスの人たちに多くのことを学んでいる。小野先生の後ろ盾と心から感謝している。

毎月会長さんは、何度上京されるのだろう。席の温まる間もない激務。強靱な精神力だ。厚生省と県と施設のパイプ役。後に続く人材が育ってほしいと切にねがう。約四十年近いおつきあい。どうぞご健勝でいつまでも会長職を続けられるよう祈る。微力な私たちのため、心血をそそいでの御活躍に感謝し、温かい心遣いに心からお礼申し上げたい。

花の支え木　その一

歴代の知事さん

昭和二十四年十月一日付の養護施設認可は、田中龍夫知事の名である。在職六年、田中龍夫知事が代議士になられ、そのあと小沢太郎知事が代議士になられた。在職七年、その後を橋本正之知事に。山口県をこよなく愛され、東京での病床から山口へ帰りたいと懐かしまれたと聞いたが、惜しくも十六年間の県政も病魔には勝てず、残念の一語に尽きる。昭和五十一年から平井龍知事である。

どの知事さんからも年賀状をいただき、奥様方とは県内施設合同のお餅つきでご一緒にお餅を丸めながら、親しみを感じてきた。特に一日一泊里子には、どの知事夫人も協力されて、幼い子が里子としてお世話になった。中でも現平井知事夫人とは特にご縁があって、ソロプチミスト時代はお仲間として、また、精神里親として、大変良くしていただいている。

龍蔵寺ぼたん園

施設入所の子は、知事さんからの委託である。私はよく子供達に、「皆さんは知事さんから預かった大切な子よ、良い子に育って下さい」と、折にふれて話す。新しく入った子は、「フーン」と、びっくりした顔をしたり、中には何度も聞いて分かっている、といった顔をする子もいる。本気で話すとまことに神妙に聞き入る。このことばを聞くと、どの子も当分の間は良い子である。

歴代山口市長さん

昭和二十四年十月一日の園の開園式には、故山下太郎市長さん、後の故田中正作・市社協会長さんほか、市の担当課長さんらが本堂の前で記念写真にうつっていらっしゃる。もう古ぼけてしまった一枚の写真がある。

山下市長さんに花束を子供らと一緒に差し上げげに市長室を訪れたのは、なんの記念だったのだろう。開園式の日のお礼だったのだろうか。市長応接室のソファに座った十何人の子供たちは大はしゃぎであった。珍しさでキョロキョロがやがやと賑やかだった。市長さんは殊のほかご機嫌だった。

昭和二十七年頃から、龍蔵寺の参詣者も多くなった。飲み物を小川で冷やして売ったりした。

市長さんにお願いして、宇部動物園から、動物園一の美男猿を寄付して戴いた。カニ食い猿で体が小さく抱くと喜ぶ、可愛い子猿であった。名前を〝太郎〟と名付けた。不思議なことに、夜はわが園で飼っていた犬を親と思い、犬に抱かれて寝るのである。犬猿の仲の諺は、間違いではなかろうか。犬の上に太郎が乗って遊ぶ姿がほほえましい。参詣者も

子猿の太郎（山下市長より寄贈）

珍しがられていた。太郎は次第に成長した。名前独身は可哀相と、花嫁の猿を迎えた。名前を花子と名付けた。二匹になると、いたずらがひどく金網の立派な小屋を作ってもらった。参詣者は大喜び。しかし、この夫婦猿は心を合わせて金網を破り、無断外出をするのである。

まず、仏様のお供物を片っ端から失敬する。そのうち参詣の人たちに私が法話をしていると、頭の上を飛び歩くのだ。キャッキャッと猿は喜んで大はしゃぎ。話どころではない。猿が遊びにあきて去ったあとの話はもうのらない。困却の一語。ある時は山仕事の人のお弁当をお先に失敬して中は空。食べようとした人は、唖然とされた。

次々といたずらはエスカレート。ほとほ

と困って金網を補修するが、翌日はまた破っている。そして、次第に遠出を始めた。

近所の人の家のおひつの御飯は食べる、干柿は食べる。毎日、違った家から苦情の電話がかかる。子供全員を動員して猿狩りをするのだが、ピョンピョンと飛び回るので手のほどこしようもない。

園の子供のいたずらに頭を痛めているのに、それを真似たか猿までいたずらをして回る。とうとう警察にお願いして、麻酔銃でつかまえていただいた。可愛い猿だが手におえず、心残りだが宇部動物園にお返しした。

でも、手のかかる猿だったが、人に危害を与えることもなく、愛嬌を振りまいて、みなを楽しませてくれた。あれから太郎と花子はどうなっただろう。

子供会の自治会長の選挙に、「山下太郎」と書いて投票した子がいる。「なにこれ。だれ。こんなこと書いた人」。子供は誰もなんとも言わない。子供にとっては親しみをこめてのユーモアなのだ。良い市長さんだった。謹んでご冥福を祈る。

長井市長さんと園の子とはご縁が薄かった。昔、女学校の教師だったのですよと話された。苦労知らずのお坊ちゃん市長さんだったのだろう。

兼行恵雄市長さんは、企業局長時代、よく家族全員で〝つづみの滝〟を見にいらっしゃっていた。和やかな風景が目に浮かぶ。観光や参詣で日増しに来山の人が多くなり、夏は龍蔵寺行きの定期バスが一日四～五便もあった。そのうち、夜の観光のためにバスを出すことまで話し合ったが、市営バスが赤字で駄目になったのは、兼行さんが企業局長を辞められた後である。

市長になられて乳児保育所の建設、湯田保育所、平川保育所と次々建設出来たのも、市長さんの私への信頼があったからだと思う。座談のあまりうまい方とは思わなかったが、演説のうまいのは天下一品。特に国体の開会式のあいさつは素晴らしく、一際光っていた。

開園十五周年の時は、あいにくのドシャブリの中を来園され、あいさつのあと市長さんの靴が見当たらなくて、申し訳ない思いをした。

昭和四十三年乳児保育所、引き続いて四十四年湯田保育所が設立出来たのは、兼行市長さんの大英断であった。特に湯田、平川の土地は市の財政で購入され無償貸与されたのだ。

私が乳児保育所の園長を兼務していた時、当時、栄養士をしていた人を次男の奥様にと懇望されて、片腕をもがれる思いで手放した。結婚披露宴の祝詞をのべながら、不思議なご縁と思ったものだ。新夫婦はしっかり家庭を築かれ、幸多い日々を過ごしておられると思う。

堀泰夫市長は、住居が吉敷ということもあって、随分若いころからお顔は見知っていたが、市の助役時代、よく各保育所建設のたびに相談にのっていただき、一方《ひとかた》ならず尽力して下さった。御母堂ともよく吉敷の農協でお会いしていた。人間の信頼はお金より大事だと思う。

「皆様に市長に出馬するように懇望されたら、断り切れますまい」と漏らされていたが、御母堂は御子息が市長在職中に亡くなられた。子を思う親の真情の溢れる方だった。市長が思いがけず過労で倒れられ、愚息と防府中央病院にお見舞いに行ったものだ。原田市議も同じ階に入院中で、相互扶助の精神で助け合っていますと冗談まじりに笑っておられたが、その時が原田市議さんとのお別れになろうとは、思いもかけないことであった。堀市長もよく山口市政のために尽くされたと感謝の念に絶えない。

開園二十周年記念式典には、早々と来られて心のこもった御祝詞で会を盛り上げて下さった。吉敷から助役、市長となられたことは、当愛児園経営にとって大変にありがたいことであった。ご退任後は悠々自適の生活をされておられる由、趣味を心ゆくまで楽しまれ、長生きされることを祈って止みません。

花の支え木　その二

伊藤郁子さん

中部福祉事務所の所長さんである。当時の山口女子短大（現在は山口女子大）卒業後、直ちに中央児童相談所に入られ、私がお会いした時は未婚のお嬢さんだった。それから県婦人児童課に籍を置かれた。養護施設も保育所も係が一緒の時代が長かったから、内容のくわしいこと、課の主的存在で、生き字引であった。それはひたむきに勉強されたからだと思う。

私は保育所長兼務を六年したが、その間「三歳未満児の研究委員会」に入って、新米の私にはひたすら学ぶ場であった。委員の皆さんの足を引っぱっていたと反省しきりである。二十年以前のことで、皆若かった。本題に入る前の雑談の中に、三歳未満児の特色が浮きぼりにされ、それからテーマに取り組むのである。

合宿していると、当時事務局長であった松向寺さんからたびたび電話が入り確認される。

「ホラ電話よ、がんばろうよ」と、誰かが言う。メンバーは徳山の武末先生、宇部の重藤先生、防府の今川先生、下松の矢尻先生等。末席に新米の私も入っていた。楽しい委員会だった。この会で県内保育界の一部の先生方と親しくなれた。

養護施設は県の直轄なので、県の担当課と連携をとらなくては仕事はできない。課長さんは二、三年ごとに代わられるので、少し気心が知れるころには異動される。民生部長さんも同じである。四十年の間に出会った方々が多くて、記憶が薄れてしまったが、あのころから県庁と近いのでよく出かけたものである。

小原容子さん（旧姓河口さん）

県共同募金会事務局長の肩書きで活躍されていた。小原さんも若いころから県社協におられ、共同募金会として事務所を分けられてからも久しい。共同募金会の生き字引的存在である。賢明な方で、局長就任を受けられるのに長い時間決断されなかった。

私はあまり不必要に人のことに口を出さない方針なのだが、この方の局長承諾には、私なりに女性の進出をおすすめした。それだけのキャリアがあり、急に外から入られても形式だけのものになると思ったからである。就任されたら風貌まで変わられたと私には思える。

しかし決して表に出ず、理事さん方を表面に出される。手腕、非凡な人と私は見ている。これからも、地位ではない中身の評価をされるであろう。そして私たち働く女性に対しても、それも長の字がつくと意外に厳しい目があることを私も自戒としている。お互いがんばりましょう。

第十章

銀杏の木を仰いで

第四回全国婦人会議に出席して

当時、地方ではテレビはまだ普及していなかった。もっぱらラジオが一番早いマスメディアであった。聞くともなく耳に入ったのが、四月の婦人週間に全国婦人会議が東京で開催されること。もう三回開催されていて、今度は四回目だとか。山の奥で毎日養護施設の子供と共に、来る日も来る日も、外目には同じ仕事の繰り返しのように見え、事実社会の動きにうとくなりやすいのもいなめない。そんな時に婦人会議。それも労働省婦人少年局とＮＨＫとの共催と聞いて、どんな会か、ねらいは、と度々ラジオに耳を傾けた。

テーマは〝日本の家庭を明るくするために〟、毎日のように会のねらいをあらゆる角度から評論家の先生方が語られている。私も当時の養護施設の措置費、その中の生活費や特に食費の基礎算定に疑問を感じていた。何を基準に算定されているのだろう？　一般家庭の水準は?·等の疑問から、この際会議に出席してみたい、と約一カ月応募作文の構想を練った。

全国婦人会議に出席

そして、特に人間愛について作文をまとめた。山口県から応募した九十七編中、何と私が選ばれた。この時の嬉しかったこと。天にも昇る心地とは、その時の私のいつわらない気持ちであった。初めて出した感想文が選ばれた。論点をしぼって簡潔に記述し、それが認められたのだ。

全国会議の前に、山口県の婦人会議が開催され、出席者として紹介された。そのときの司会者が県の女性問題審議会の米沢さんだった。なんと手馴れた司会振りだろうと驚嘆したものだ。前回出席した人たちに、注意事項を聞くと、まずフルコースの洋食が出ますよと強調された。私は尼僧である。洋食と聞いて困った。フォークとナイフの使い方を稽古しなければと。そのころ山口市では、精養軒一店しか洋食を出す店のない時代。わざわざ予約して試食にいった。笑い話のような本当のことである。

全国で六十名が選ばれて参加する。今はないが、当時虎の門会館が宿泊先に当てられた。本会場は別であった。第一回～第三回まで出席した人たちが見送りに小郡駅ホームまで来て下さった。「がんばってね」と温かい激励。この会議はきっと緊張の日々であろう。何しろ初めて出会う人たちばかりなのだ。

受付に近づく前に、「貴女、宮原さんでしょう。尼僧さんがいらっしゃると、皆でお待ちしていましたよ」と、歓迎して下さった。会員が揃い、六十名を四グループに分けて、行動を共にすることになった。私は四部会に属し、司会森山先生、アドバイザーは全国婦人連合会長の山高しげり先生である。役割はくじ引き、全員何かの役が当たる。どうも胸騒ぎしていたら、部会報告が当たった。一番苦手なのに。

開会式には労働大臣や婦人少年局の藤田局長（後に国連の委員になられた方）、課長は現在代議士になって活躍されている森山真弓先生だった。錚々《そうそう》たるメンバーである。田舎者の私は驚いた。東京はさすが首都。女性がこんなに活躍されている。実力のある方々が多い。

ＮＨＫ共催なので、開会式、部会、全体会と生放送された。開会式で出席者一人一人を紹介され起立する。たったそれだけで二時間前にリハーサルがある。今も忘れられないのは、部会報告の時、前を見ると女性代議士がずらりときら星の如く並んで部会報告を聞かれていた。報告途中、紙片がそっと渡された。あと五分です。晴れがましい席で緊張した。ぶっつけ本番なのだ。経験不足の私は無我夢中で足がふるえるのを我慢しながらなんとか部会報告を終えた。

席に帰ると同じグループの人が、あなた落ち着いて上出来でしたよ、と言われたが、とんでもない、足はガタガタ、報告したいことは多いのに、時間不足で、不満足な出来だった。意外に、はためには落ち着いて見えたとは、不思議な話である。

●犬の止め置き料の方が高いとは

最後の日、旧ＮＨＫの大ホールで全体会があった。パネルディスカッションがあり、その後、質問の時間。あたりを見ると誰も手を挙げる人がない。内気な私によくそのとき勇気があったと思うが、出席通知が来てから、随分本を読んで、先に書いたように子供の食費の乏しさが不思議だったので、エンゲル係数について質問した。パネラーの伊藤昇先生が、今、野犬の止め置き料が一日五十円です、そのことを政府に訴えて陳情しなさいと、事もなげにおっしゃった。「えー犬が五十円?」子供の食費は当時四十三円くらいだっただろうか。

全体会が終わったとたんに「宮原さん質問よかったわ」と言われる。県女審事務局の米沢さんが傍聴されていたのだ。友人も来てくれていた。その当時、如何に児童福祉法が絵に描いた餅のようだったか、思い知らされ、良い事を教えられたと、その後、福祉界も鉢巻きを締めて、デモを始めた。

第四回婦人会議に出席して帰ると、当時は時の人だったのか、県内の婦人会の研修会の助言者や、女学校の同窓会総会等、あちこちに講師として、会議の報告を依頼された。婦人の自覚をうながす会として、私も少し目覚め、ほんの少し社会の縮図を見たのである。

再度出席して

第十五回は、過去十四回まで出席した人の中から、同じように作文応募で選ばれた。私は婦人にこだわり、男性より低いことを前提にしたこの会の趣旨は、この辺で止めて、人間として考えたいと前置きして、養護施設のことを記したように記憶している。出席して感じたことは、前回あれほど感激した会だったのに、何故か心にひびくものがない。二番煎じは香りが薄い。会が終わって帰る時、先生いろいろ教えて下さって有り難うございました、と何人かの出席者に言われ面くらった。仕事一筋に十一年の歳月は、いくらか私を大人にしたのだろうか。初回の時は不安、世間知らず、考えてみれば、初めて出席したのは、養護施設創立五年目の時だった。情熱と純粋さあるのみで、周囲を見るゆとりもない時代でもあった。やっぱり初物はおいしい。初心に返ってなんでも吸収しよう、とひたむきだった。初めて出席した婦人会議の人が皆えらく思えた。あの謙虚さをそっと胸に刻んでおこう。

一日県立図書館長に任命されて

思いがけなく寝耳に水で、一日県立図書館長の任命を受けたのは、昭和四十九年七月三十日であった。現理事の田中宏・元児童家庭課長が副館長になられて間もなくのことであった。館長は林二郎氏である。打ち合わせに言ったら、田中副館長は「僕はその時は研修で留守ですが、よろしく」とのこと。館長室も副館長室も立派で広々としていて落ち着かない。まず「何をするのでしょう」と尋ねたが、「別に大したことはありません。大丈夫ですよ」と館内を隈なく案内して下さった。明治時代からの新聞等実によく整理され、保存されているのに驚いた。奥に広い書庫がある。

当日は朝九時出勤。午後三時までとのこと。朝から緊張して出掛けたら、裏門から入るのである。どうぞと部屋に案内されたが、どうも騒々しい。その日運悪く不穏な空気である。どういう方たちだったか、押し問答で空気がざわめいていた。確か一日館長のたすきを戴き、まずデスクに座っている館員の方々に訓示をするのだ。場違いのところに迷いこんだようで話が今一つ決まらない。そのうち御堀外郎のご主人で、彫刻界ではユニークな田中米吉氏の作品の除幕式がはじまった。中学生男女二人が除幕して、早々に終わった。さあ、それからのスケジュールの詰まっているのに驚いた。会議会議で三つか四つかあった。そのたびに館長さんと並んで話を聞き、適当に私も意見を述べる。一番身の入ったのは、幼児の図書に関する議題で、いかに幼児が絵本が好きか、どんな絵本に興味をもっているか、幼児コーナーの充実をこの時とばかり強調した。委員の方も思いがけない私の主張に思わず身をのり出して聞いて下さった。

その日、当園卒園児がサンケイ新聞社の〝坊や〟といわれる雑用係をしていて、取材に来て、写真を撮った。当日の新聞には一日図書館長の記事より、組合運動の動きが大きく載っていた。でもたった一日だったが、外部から見る館長職の大変さを身をもって体験したことは貴重であった。後に総務課長の清木顗太郎さんが館長代理としてお礼にこられた。後で清木さんの詩と書の巧みなのに舌をまいた。「能ある鷹は爪をかくす」を実感、ご縁を大事に以後お寺の役員になっていただいたいきさつがある。物静かな方だ。

清木顗太郎氏作の龍蔵寺の如来讃があまりに美しい讃なので転載したい。

如来讃

幽僻の百丈の懸泉の下
千有三百余年の歴史を秘めて息吹きます
ここ密教の古刹

そのうす暗い本堂の中に
過去・現在・未来三世の百億大千世界を統べたもう
大毘盧遮如来が静かに法界定印を結び
千葉の蓮弁のうえに結跏趺坐しておわします。

おん頬のいよいよ豊かに
おん眉のいよいよ秀で
おん瞳いよいよ澄みわたり
おん眉のいよいよまろやかに
おん皮膚のいよいよなめらかに

あわせて
その光背、その宝冠、その胸飾りなどの妙、加えてながいその年輪
ともにあいまってますます尊容を深くします。
すがるように膝をすすめたそのとき
私は突然、まろやかなお口元がほころび
お美しいお優しいお言葉を聴きました。

羯諦　羯諦　波羅羯諦　波羅僧羯諦　菩提　沙婆訶
しかしそれは
すぐそばの僧窓から奇巌怪石をつたい三層の山橋を超え
松濤にのって火雲のあなたから
虚空の涯にひろがり間もなくきえていきました。

秋の日に想う

終戦から幾星霜、日本の歴史も大きく変革を遂げたけれど、私の歴史も変えられた。龍蔵寺前住職の戦死である。昭和二十年十一月に、真言宗教師検定試験を受験のため京都の真言宗御室派の本山仁和寺に初めて詣で、宿泊して東寺へ通った。ゆくりなくも、丁度三十年目のその日、久しぶりに職員研修旅行で本山仁和寺に参籠した。

終戦直後の頃、草ぼうぼうで荒れはてていた仁和寺が、目をみはるような変貌を遂げて、素晴らしい設備に整備、白砂にほうき目のたった庭園には緑の松がはえて、どの伽藍も一分のすき間もないほどに管理が施されている。

教師検定もパスして、その後一年本山で修行していた頃、裏千家のお茶を習いに大徳寺町の先生の所に通った。仁和寺の私の部屋の前も、その頃草は茂り、その中に水引草が色鮮やかに咲いていて、草をかき分けてお茶花の水引草を手折り生けたりしたこともあった。その頃の思い出がなぜかこのたびは、一度にどっとふき出るほど鮮やかによみがえった。

懐かしい同期生のこと、鬼籍に入られた先師の方々のいつくしみの数々、お金で得られない教えを、考えてみると何と多く学ばせてもらったことか感謝で一杯である。

洛西の秋を訪ねて嵯峨野の寺に詣でた中で、天龍寺の庭園の素晴らしき、紅葉の点在もこよなく美しく、森の中を静かに散歩すると落ち葉を踏む足音まで、さやかに聞こえる静寂さであった。

ぜひ一度と念願していた、あだし野念仏寺は石仏約八千体、あだし野の林野に散乱埋没していたものが集められたという。名づけて、〝西院の河原〟。風化し、お顔もさだかでない石仏の群れに香をたいて黙とうすると、一つ一つの霊が語りかけてくるようだ。西行法師は、

誰とても　留るべきかな　あだし野の
　草の葉毎に　すがる白露

と歌われている、人の世のはかなく愛《かな》しいものであることを、胸にじんとしみ入らせるものが心ににじむ。

どうしたことか、今秋は日頃、詣でたいと願っていた寺に詣でられたが、さる日、善通

寺に詣でた際に私の後ろで中年の婦人が、「お大師様有り難うございます」と感謝をこめて、家族一人一人の動静をのべておられ、婦人の高い信仰の姿が脳裏に深く印象づけられた。

人を育て、いつくしむ仕事も人の世のはかなさ、愛《かな》しさを知っているが故に、生の尊さ、成長の喜びを有り難く感謝しつつ、今日を豊かに明日の目標に向かって大きくはばたけるのではないだろうか。心豊かに先ず我が心の満ちる糧を得ること、秋を訪ねて久々に越しかたを思い出し、しみじみと感じられたことでした。

――つづみ昭和50年クリスマス特集号より――

楽しんで学ぶ教育を

湯田保育所の小規模創設から数えるともう八年目、定員九十名になって四年目になります。開設時、湯田保育所は運動面で特色を出したら良いなと思っていましたが、その通りになったようです。湯田保育所の運動場、行動半径は、山口市全域との園長の考え方、その通りだと思います。山口市全域にわたる通園区のお子さんをかかえた施設として、地域の中で園外保育をすることは、誠にユニークな保育であろうと思います。先月、幼保教育振興大会で八ミリを映写されて、とても楽しく拝見しました。

最近では、幼児教育から高校に至るまで、カリキュラムとやらに枠付けられ、それを咀《そ》嚼《しゃく》しないまま、保育誌からの抜き書き通りの保育が最も好ましい保育と思われやすいのをみて、考えさせられる者の一人です。

今夏、アメリカに二週間の急ぎ旅をして帰りました。国の評価にはいろいろの角度があると思うのですが、建国二百年で、現在のアメリカ大国を築いた国のエネルギー、すなわち国民のエネルギーに驚嘆しました。街路樹の大きいこと、自然を大切に残そうと、特に一本一本の樹木を大切にしているのが印象的でした。あのメイフラワー号に乗って来た人達は、充分な教育を受けてきた人達ばかりでしょうか。そうとは思いません。けれど、目的を持ち、その場で全力をあげてよりよい方法を見出して努力した人達だと思うのです。原始林の一樹一樹を切り開いて開拓し、住めるところにした努力、広い土地ゆえに、大変な労働だったと思います。力を合わせ、助け合って建国したアメリカの国は今も質素で、国民は大まかで良く働きます。

教育も、日本のように画一的なものではなくて、アメリカの国では楽しんで学ぶ基本姿勢が育っているように思いました。苦しむ日本の学校教育と何かが違うと思えてなりません。日本はこれで良いのかと思います。

物事を隅から隅まで知る博学が社会で役に立つのか、自分の得手のものを極める専門性がより役立つのか、この辺で特色のある人を養成するほうが力が出るのではないかと思えてなりません。

これから日本の教育も改革されると思いますが、乳幼児期は積極的に健康な心身をつくる基礎が大切であることは言をまちません。どうか湯田保育所の職員、父兄一丸となって、この子達が三十歳~五十歳になった時、どのような人に成長していて欲しいか、目標をそこに置き、ますますユニークな人づくりに励まれますよう、期待してやみません。

――「この子と、ともに」2号――(湯田保育所)

思わぬ休暇

〝禍福はあざなえる縄の如し〟と言うが、本当のことだと思う。昭和五十八年三月二日、児童収容施設連絡協議会の給食部会で五十名くらいの会員の皆さんの前で、結露した三階のピータイルの上で滑ったのである。それはアッという間の出来事である。滑った当人も何が起きたか分からず、滑った恥ずかしさですぐ立とうとして立てないのに驚いた。園の職員が飛んできて、私の膝を一目見て、これは？　とポコッとくぼんだ膝に驚き、顔を曇らせた。私はまだ本当のことは分かっていない。二人がかりで三階から降ろしていただいた。

整形外科の主治医のところへ行くため、一階で待っている間に、熱が出たのかガタガタふるえが出て、給食センターの方もさすがに驚かれ、救急車を呼ばれた。生まれて初めてピーポーピーポーとよく見かける車に担架のまま乗せられ、これは大変なことのようだと思った。日赤病院に運ばれ、直ちに手術室で応急処置。診断の結果、全治三カ月といわれ、飛んで来た嫁は泣き出し、怪我をした当人は気丈に大丈夫よと慰めていた。しかし血を抜かれ、ギプスで固定されて歩けない毎日は不自由そのものである。トイレに行くにも片足では疲れ、ベッドの上の生活である。上半身はなんでも出来るのに、と悔しかった。

検査、検査とやっと検査が終わって、三月八日手術を受けた。膝の皿が三つに割れていたことを一年後、とめ金を除いて知った。

片足しか使えないのは障害者と、つくづく日ごろの自由な生活の有り難さを知った。手術後四日目、あっさりギプスを外された。足の軽いこと、それでも松葉杖なしでは歩けない。ベッドの上での足を上げる訓練、毎日毎日足が一センチでもベッドから離れないか、この時が一番精神的に苦しい時だった。まるで磁石が足についているように、上に上がらない。ヨチヨチと歩行練習をしている人さえ、羨ましい有り様だった。

ある日ひょいと思いがけなく足が上がった。上がったらもう歩く力が少しついたのである。それから私は根性でリハビリを続けた。平衡感覚も失っている。廊下に出ると、怖くて足がすくむ。手すりのある側ばかり歩くので、「まん中を歩きなさい」と言われ、仕方なく後についてもらい、四月満開の桜の花を廊下の端まで出て、やっと見た。リハビリのいろんな設備がされている。一カ月半経ったある日、大安の日を選んで急きょ退院した。

帰ってから本格的に石段の登り下り、坂道、あらゆる道を誰かに付き添ってもらい、リハビリを続けた。九月に入り、主治医が「座れますか？　もう座れて当然ですね」の一言に、俄然闘志が沸き、お風呂の中で毎日毎日油汗を流して、徐々に膝を曲げる特訓をした。座れた時は、〝やった〟と思った。しかし、歩行はゆっくり、決して走れないのである。これだけは諦めるしかない。急ぎ足は出来ても、人より遅い。でも車椅子の人を見たり、松葉杖の人を見たりする時、私は入院中の我が身の姿を思い出す。

滑ったのは、めまいのひどい最悪の時だった。入院した時、ほっとしたのは長年の疲れが溜っていたのだろうか。それからは職員が骨折した時、「神仏が休暇を下さったのですよ、ゆっくり静養して下さい」と言った。何か体が弱っているから、はずみに怪我をするのだと思う。入院中いろいろなことを学んだ。さまざまな人の人情、看護婦さんの心遣い、そして、私は日誌を書き、生け花のスケッチを始めた。花の美しさや人の心が鏡に写すように見えた。これも人生の一コマ、入院を肥やしにしようと、無駄にはすまいと、貪欲な私は心にそっとささやいた。

六十過ぎての手習い

足の骨折、入院、手術、その間毎日たくさんの生花を戴き、見ているのが勿体なく、スケッチを始めた。それがきっかけで書道の柏谷先生の紹介で宮崎恭子先生に師事した。以来約三年、私は花が好きなのに、絵はいっこうに腕が上がらない。幼稚な絵をいつまでも描いている。園の子のほうがうまい。それでも晩年の趣味として、ひとりで楽しみ、指先を使って絵を描くことは、気分の転換になる。

色紙に下手な絵をかき、親しい人に欲しいと言われれば差し上げる。卒園する子に、記念に渡す。何かの時、眺めて思い出すだろうと。一番不得手な絵に挑戦して、われながら拙いのに、恥じ入りながら、余技を持つことは、その時間にただひたすら無心になれ、時を忘れて没入する、それが何より楽しい時間である。

子供へのアドバイスは、若いころから得手にしているのはなぜだろう。われながら不思議と思うし、教える時は俄然熱中する。子供の絵は全養協に毎年出品する。今年も選ばれたそうだ。県の選者の先生方が「よほどうまい先生が指導されたのでしょう」と、言われたそうだ。

ご冗談でしょう、教える私はかいもく絵音痴なのだ。

ヨーロッパ美術の旅への出国

成田空港で出国の際、パスポートを一人ずつ出して検問を受ける。私を見て前の人と同じように生年月日を尋ねられた。私は正直に戸籍の通り答えた。係官がパスポートの字を見て不審な顔。もう一度同じ応答。係の人は頭をかしげ、「チョットこちらへ」と別室へ連れて行かれた。一緒のグループの人たちは不安そう。添乗員は残って待っていてくれた。

係員が「もう一度お尋ねしますが、生年月日は?」「〇年〇月〇日です」「おかしいですね」。見れば大正生まれが昭和生まれの同じ年が記入してある。私は唖然とした。何度見ても昭和なのだ。係員の人いわく、「貴女が若く見えたから、県の係が間違えたのですよ」「それで私はどうなるのですか」「日本国政府としては責任はおいかねます。貴女の力で行って下さい」。〝えー〟、私は旧パスポートをわざわざ持っていき、その上、戸籍抄本も出したのに、夜は県に電話しても係はいないし、訂正はきかないそうだ。

添乗員さんに尋ねた。「私これから引き返しましょうか」。大丈夫、貴女は昭和で通りますと、五十歳代になりすましヨーロッパを勇気を出して旅をした。「私、昭和生まれよ」とパスポートを友に見せると、「ニヤニヤして喜びなさんな」と、ひやかされた。笑ったもののイギリス入国の時はさすが緊張した。今度は検問の人がどうせ英語は駄目と思ったか、質問もしてくれない。せっかく呪文のように答えを覚えたというのに……。それでも検問を通りすぎたら、全身からどっと力がぬけた。今だから話せる笑えない本当の話である。

パリの空の下で

パリ泊、思いがけず早く目覚めた。時計の針は五時半。ふっとスケッチを思いついた。そそくさと支度をして、ホテルの前を歩いてみた。まだ人通りもない。スケッチ帳を開いてどこに腰をおろすか、探してみる。ちょうど良い構図を見つけた。歩道に腰をおろし、塔のほうから描き始めた。並木路は朝もやで、なんにも見えない。もやよ早く晴れてくれと言いたいほど、夜明けが遅い。少しずつ上部から下を描いていく。やっと並木路になった。

その時、ダンプカーだったか、私の前に横づけになった。そのころ近所のおっさん連中が、私の下手なスケッチをのぞきこみ、描いているところと見比べていた。私は、描けなくなって、思わず「チッ」と舌打ちしたらしい。そこで私の描く絵を見ていたおっさん連中が、いきなりダンプの運転手に抗議にいって、ペチャクチャ私を指さしながら言っている。するとダンプはすぐ移動してくれた。おっさん連中は、手真似で私に、ダンプをのけたぞと誇らしげに報告してくれた。

他国での見知らぬ庶民のこの親切に、その日一日がほんわかと温かだった。人間の価値の基準は何だろう。たった一時ではあるが、仲間になれた。「サンキュー、ベリマッチ」と私は言ったかどうか、覚えていない。が、お互いの心は通じ合っていた。

パリの郊外でも同じような親切に出会った。一人で小さな入りくんだ小路をスケッチしていた。自由行動時間である。スケッチに申し分ない景色で気に入って描きはじめた。私は何かを始めると、夢中になる。ふと後で、人の気配がする。そばの店のマダムが「ワンダフル」と大きい声で言った。恥ずかしい。図画の域を出ないのに。間もなく夢中で描いている私の肩をつつき、そこに椅子を持ってきて、私に座れと身振りする。これには恐縮した。他国の者に、それも旅の者に、私は内心恥じ入った。

パリの人は有名な画家を出しているからか、絵を描くだけで、大切にするのだろうか。日本人の若い画家の卵さんは、パリだから、街で絵を描かせてくれる、と言ったっけ。一度も風景画を描いたことのない私が、いきなり外国でスケッチする無謀さも、スケッチしたいような風景が随所にあったからだ。名も知らぬ者に親切を下さった方々、どうも有り難う。おかげで心の土産をたくさん持って帰り、いつまでも忘れないだろう。外国の人の心の広さを、島国日本人も少しは学びたいと、つくづく思った旅だった。

スペインが好き

最近、老後をスペインに移住する人が増加している。言葉の障害をのぞけば、とても住みやすい国のように思えた。ゆったりと広い土地、人情が厚く、食料は安く、素朴な人たち。気候も良い。

日本のコセコセと密集した地から抜け出したい思いを、一度現地を訪ねると、誰もが抱くだろうほど魅力がある。私も帰って当分の間スペイン熱が覚めなかった。山口市の知人の王子さん御夫妻が移住され、時々便りを地方新聞に載せておられる。テレビでも移住した家族の様子を放映していた。移住しても日本人同士が集まるという。あけっぴろげな人種とは、気質が合わないのだろうか。所詮日本人は慣れた地に巣を営むのが無難なのだろう。

やっぱり冒険は止めた。

国際ソロプチミスト日本リジョン山口の一員として

この長い名称の国際組織に加入したのは、そのころまで存じ上げなかった下瀬さんからのお誘いの電話からだった。お優しい上品なお話し振りの方である。初めて聞く、舌をかみそうな長い名称。それも国際的組織に加入されませんか？　と。今までうかつにも知らなかった。そんな場に出ることに抵抗もあったが、ぜひにとおっしゃる言葉に、考えてみます、と答えたと思う。私の性分では、こんな時、「ノウ」と言えない。それから手続き、認証が来て、初めて会員の皆様のお仲間に入った。三十人くらいいらっしゃったように思う。

社会福祉一筋の私にとって、会の内容が当分理解できず、その空気になじむまで時間がかかった。会員の皆様はそれぞれムードがあって、女性としてトップクラスの方々である。そのうち彰子知事夫人も加入され、私の車でお送りしたこともあった。車中で養護施設のお話をするうち、精神里親になって下さった。今もその里子には特別の思いをかけて下さっている。

話が少しそれたが、ソロプチも新米のうちは役も楽だが、一年ずつ役の責任が重くなってくる。規約を二年続けた時は、私の完全主義は少々気が重くなり、本来の仕事の忙しさと両立しないと思いはじめた。ちょうど防府地区と分離を機会に丸五年間、皆様と楽しいうちにいろいろ学ばせていただいて、退会させていただいた。

随分引き止めてくださったが、思えば何のお役にも立たなかったと反省している。それなのに、昭和六十三年四月八日、「多年に亘り地域社会に於けるご功績を称え、ここに婦人栄誉賞を贈ります」と、思いがけない婦人栄誉賞をソロプチミストから贈られた。例会の席で久々におめもじする会員の顔ぶれは、大分かわっていらっしゃるけれど、永年ソロプチミスト山口を守り育てていらっしゃる方々にお会いできて、心の底から懐かしかった。「皆様、本当に有り難うございました。今日の日を一生忘れないでしょう」と、心をこめてお礼を述べ、拍手に送られ会場を後にした。良い方ばかりの会、さすが帰途は後ろ髪がひかれる思いだった。

施設の生活体験学習をしてみませんか

永い間、日本の家庭は世界のお手本だった。しかし、その昔の家庭像は崩れつつあることが統計にも出ている。核家族の多くなったことは、日本の社会構造上やむを得ないと思うが、家庭を支える大人が二人、それがいろいろの事情で崩壊したらどうなるか。欧米化しつつある日本の家庭。今はさまざまな事情で子供の受難時代と思えてならない。溺愛、過保護、放任、拒否、気づかないうちに子供は家庭の王様になりやすい。

先日来、お母さんが短期入院の母子家庭のお子さん二人を預かった。短期だったが母一人で働き、子供の世話をする生活の厳しさを見た。園で預かっている間に、宿題を一度もしなかった二人の子供が確実に宿題をやり、家庭学習の習慣がついた。まず学校の先生がその変貌に驚かれたようだ。

ある方が施設の生活を見られ、うちの子もしばらく預けたい、そして規則正しい生活習慣をつけてもらいたいと漏らして帰られた。実行されなかったが、私は施設で生活の体験学習をさせてはいかがですか？　と呼びかけたい。夏休み、春休み等を利用されたらと思う。それほど親子の断絶、特に一部の母子家庭の思春期のお子さんの生活の乱れを垣間見ると、何かお手伝いしたい念にかられる。施設は開放し、待っています。

姉妹縁組

永い間、心の中で温めていた姉妹縁組の夢がやっと叶った。兄弟姉妹でも同じ人間は一人もいない。長所、短所がある。それでも一人っ子は病気を持ったと同じくらい、当人も親も苦労する。施設も姉妹園が出来たら、メリットは大きい。親戚が出来たようなもので、子供達にとって交流ができ、親睦がはかられる。その日も間近、私も子供に返ったように調印式の日を思い浮かべて、心はずんでいる。

これから国際化は、交通の便と共に急速に進むだろう。次は海外に姉妹園をつくりたい。私は外国の風土が好き、開放的で素朴な庶民の姿にひかれる。当園の子供も海外進出をさせたいと夢を持っている。そのため、是非私の好きなスペインの国の施設と姉妹縁組がしたい、と夢は果てしなく広がる。

夢よ現《うつつ》に（一）

四十年近く養護施設に携わってきて、実にさまざまなケースに出会い、人の運命を創るとしたら、禍を福にかえ得ない悲しいケースにも出会った。なかには随分多くの子供達が見事に自力で自分の道を切り開いた例を見せてくれているが、私がどれほどの力になったのだろう。一人で出来る仕事でないだけ創立時のあの燃えるような子育てへの夢が、時代の変遷とともに様変わりしてしまったことは否めない。今は親がいる。その親を教育しなければならなくなった。親をかえる力には限度がある。それと親がいるのに生き別れしている子供の心の奥底を思うと、複雑な思いに駆られる。

今一番私の欲しいのは、せめて傍にいる大人が子供の心の底に隠された親への思慕、それを察しながら、現実に今の置かれた生活の場で共感し、共育していくことではなかろうか。子供の心は絶えず愛情を求め続けている。表面でなく心の底で私達を見ていると思う。

今、外国では養護施設は無いに等しい。大集団の中で子供は育たないことを痛いほど学んだ。街の中のアパートでもよい、小グループの家庭の形態で、点在して育てるべきだと思う。国は安上がりに子育てをするために、税金で賄う方法を四十年も続けてきた。これから個を大切にするなら、グループホームに切り替えない限り、方向を見失うと思う。

あの里親時代、食べる物もない時代、生き生きと育ったのは小グループだからであった。大集団になって個が少しずつ埋没したと思えてならない。それと、職員の交代勤務の問題。子育ては職業人にはできないと断言する。親は職業と思って子供を育てはしない。我が子への盲愛に近い母性愛で育てる。良くも悪くも親子なのである。親子喧嘩しながらも意思の疎通がある。お互いの真の信頼感をつくらない限り、子育ては絵にかいた餅と同じだ。

二十一世紀を担う云々と旗を振っているけれど、普通の家庭でも親もストレスをかかえていながら、子供の心の底を知っているのだろうか。真の信頼感があるのだろうか。受験、受験で物知り博士を作っても、国の底力にはならない。今の政界を見ても、教育界を見ても、あの鋭敏な若い青少年は信頼していると言えるのだろうか。私は日本の将来が怖い。素朴でよい、善悪のけじめとやさしさを心をこめて教え、育てる人材がほしいと願う。

「教育に力をそそぐ国が栄える」ことは、歴史が物語っている。

全員高校進学の道をと今、全国の養護施設では願っている。しかし勉強嫌いで、目的なしの毎日を過ごす子もいる。私は能力に合った専門の学校の設立を願う。高校だけでは人間を高め得ないと思う。画一化されないユニークな発想がほしい。その一方で、勉強して大学進学に進みたい子に、今は経費が保障されていない。

当園も本気で大学に進学したいと考えている子がいる。今、私は奨学資金を作りたいと思う。ささやかな寄付を募って、すでに後援会を発足させた。人を育てるために、なによりも金のなる木がほしいと切望している。

毎日新聞の昭和六十四年一月六日付に次のような記事が載った。

高二少女に援助を

「私は大学に行って教師になりたい」。山口市にある吉敷愛児園（宮原美妙園長＝０８３９・２２・２５０９）の少女は思っている。

母は少女を産んでまもなく亡くなった。お父さんも後を追うように交通事故で逝った。少女にとって早すぎる両親の死。少女は両親の思い出をひとかけらも持っていない。母を知るお年寄りを老人ホームに訪ね、やさしかった母親の話を聞かせてもらった。

そんな少女が高校に入った時、大学進学の夢を抱いた。宮原園長は前向きに何でも挑戦しようとする少女を「応援してあげたい。勉強したい子には、させないといけない」と思った。しかし、今の大学進学には金がかかりすぎる。奨学金やアルバイトでは賄えないだろう。

園では奨学資金を寄せてくれる後援会の結成を急いでいる。不遇に負けずに、夢に向かって努力を続ける子供たちを金銭的にバックアップするためだ。第一号は百万円を寄付した宮原園長。金額に定めはない。

塾に通わず、家庭教師にもつかずに自分の立てた学習計画をこなす高二。多くの人の善意が届き、桜の舞う中で、少女の輝いた笑顔を見たいと思う。

この記事が出て、他の新聞にも次々と大きく報道され、現在既に奨学資金後援会の組織ができた。思いがけない反響で、この資金もスタートし、順調な滑り出しをしている。子らよ、大きな夢を果たすための底力を、今こそ出して欲しい。

己が心の有りようを私も、もう一度原点に返って考えてみたい。そして、職員の人づくり、養護の形態を今一度小規模化したい。それから、画一化しない一人の人間の個性を生かす、広い意味の人間の変革がもしできるものなら、遺伝のよい面を引き出したいと思う。私は事業家ではない。やはり子育てに徹した人生を全うしたいと心を新たにしている。

先ほど「小グループの家庭の形態で……」と私の夢を書いている事が実現して、平成九年度に五棟の小舎制の家が竣工、落成した。現在、惑星の里と名付けて、火星の家、水星の家、木星の家、金星の家がある。太陽の家は本部の事務室外会議室、応接室、二階は和室で仏間、心理療法室、児童の集会所、宿泊もできる。

各棟は普通の家庭の形態で、キッチン、風呂場、居室と生活全部が成り立つようにできている。

長い間私の抱いていた夢が実現したのだ。外から来た人はモデル住宅と見られるようである。定員は、一棟児童十五名、職員四名が配置。十五名は多過ぎ、十二、三名が丁度良いようだ。縦割りで幼児から高校生までいる。ただ、男子棟、女子棟に分けた。

各家とも児童が落ち着いた。友達を案内してくる事も多くなった。立派な家を見せたいのだろう。園内電話があるので、気の合った子同士がよく電話をする。事務所と家との連絡もじかにできる。点在しているようで、連携は密である。

朝一番、各家に新聞、牛乳、パン、夕方には野菜や肉、魚がそれぞれ配達される。子ども達は、配達される業者の方々と親しく話したりして、かわいがられている。

一般家庭では、大家族といったところだろう。

トントンと野菜を切る音、朝は味噌汁、スープの香りで目覚め、学校から帰ると「今日は、晩ご飯何？」と聞いてくる。小さい子の片言の「オカエリー」に迎えられた年長児は、その子を抱き上げたりする微笑ましい姿も見られる。食後の団欒も、たくさんの話題でにぎやかだと聞いている。

「個々の子どもを大事に」ということは、創立からのモットーである。そのことは職員に受け継がれている。しかし、このように小舎制になったことは、職員にとっては大変な勤務になっているだろうことを思う。

〝まだまだ、夢よ現に〟の思いは、次から次へと果てしないものがある。

夢よ現《うつつ》に㈡

徳川家康は「人生とは、重荷を背負って遠い道を行くが如し。焦るべからず」と言ったと伝えられているが、どんな信仰の篤い人でも生身である限り、さまざまな苦悩や葛藤と闘い、そこから抜け出す努力をした上で生きていると思う。心が美しい、ふところが深い、度量のある人、それは苦労して磨かれた上での感性ではなかろうか。苦労しない人には、人の痛みを自分の痛みにはできないと思う。人情の機微を感じる心を持つには、幼いころから感受性を育てることだ。

誠実な心で相手の心を読み、上辺でなく心底、心と心の対話をすることが今、日本人に求められていると思う。経済大国になって日本人は本当に幸せなのだろうか？　私は国全体を見渡して、心は貧しくなったと思えてならない。ストレス人間が、うごめいている。金で買えないのは人の心。人間味こそ宝だと思う。

私は、拙い手記を書く間、私の歩んだ道を今一度辿って、その間は夢想の世界で遊んだ。

思い出に浸れる時を与えられたことを、一面有り難く思っている。
さて、私の旅路も今は途上、私の夢は老人ホームを創立することであった。私もやっと老年の心理が理解できるようになり、友人も同じころの年齢、五つめの施設である予定の老人ホーム施設の機が未だ熟さず、私の一番の心残りである。ひろびろとした田園で樹木と花と青い芝生、老人同士ゆったりコーヒーを飲み、各自好きな時を過ごし、趣味を生かして教える人、学ぶ人がいてもよい。かつて静岡の聖霊の里なども見学した。出来たらそばに保育所など子供のさざめきが聞こえたら、生きる活力の助けになるかとも思い、私の夢は果てしない。

ヨーロッパののどかな日常を見て、貧しいけれど、あくせくしない人間らしい生活がやっぱり恋しい。

さて、私はこれからどう生きよう。私に与えられた選ぶ人生を、有終の美で飾れたら至福である。

生きる

古稀を迎えるというと、人はめでたいという。生きることはだれでも大なり小なり、さまざまな喜び、悩み、苦しみ、そして何かに頼って光明を見出し、生ある限り生きねばならない。生きるからには生き生きと生きたい。惰性で生きるのは死んだと同様と思う。

しかし、死の予告は誰も知らないし、どんな明日があるか、これも予想だにできない。ただ言えることは、人間国宝になるような人達は、血の滲む努力の毎日、その積み重ねがある。それは好きな道だからだろうか、その精神力は何から生まれるのだろうか。二、三年前、京都の歌舞伎の顔見世で観劇されていた、素顔の武原はんさんを見た。一見したところ、キリッとした上品な老婦人であった。その時は八十五歳とか。平成十三年に九十五歳で亡くなられたが、その舞い姿の趣は、至芸といわれるが、日本舞踊をなさる方では私の一番尊敬する方である。

テレビで見たはんさんの、毎朝ご自身に課された修業の厳しさには息を呑む。普通の人は、老後をもっと気楽に過ごされると思うのに、まだ舞台で何ともいえない幽艶な姿で踊られる。

ご自身を律することに、こんなに厳しい人は希れであろう。すばらしい人生と思う。心が本当の意味で自由闊達なのだろうか。

私もせめて爪のあかでも煎じて呑みたいものだ。さまざまなその道の達人のお話を読んだり、テレビで拝見するたびに、自らを省みる。


さて、私は正直、娘時代まで平凡に生き、嫁して突然の不幸にとまどい、幸せから奈落の底であえいだ。一年、二年、それ以上、心の底の悲しみを押し隠して生きた。人は私を苦労知らずに見えるというが、あの頃は、奈落の底から抜け出したいと、自分の内で葛藤し続けた。そんな時、理性では理解しても、感情は納得し得ないのが人間の心だろう。強運をつかむか、意志弱く崩れるかの境、仏の試練だったと思う。

人によって感性の相違もあるだろう。自分ではこの道を歩いてみたいと望んでも、意外な道に進む。運命のいたずらなのか、振り返ってつくづく思い知らされる。

私は結婚して我が子に、私のささやかな思想を移入出来ると、一方的にそんな勝手なことを本気で考えていた。幼な子でも本来一人の独立した人間なのに。ところが七百人近くの子供を苦労して育てて、人間の独自性、意志、尊厳を知ることができた。

強烈に今も忘れ難いのは、初めての里親時代の感激の日々だ。毎日悪戦苦闘の日々だったのに、見事に私を生き返らせてくれた子供たちのことだった。子供とは子宝というが本当だと思う。人の世の垢にまみれた浮浪児からも、無垢な心を教えられた。心はやはり寄る辺ないのだと、私の苦しかった時の心の在りようをまざまざと見た思いがした。優しい心遣いも胸に染みたようだ。

しかし子どもは一カ所に留る拘束を嫌った。「私の行く所はどこでしょう?」と、追い求めていたと思う。その心を今思うと哀れである。

戦災さえなかったら、と思うけれど、これも世界の情勢や、時の流れで避けられなかったのだろう。でも、戦争の犠牲は大き過ぎた。あの大多数の人は死の瞬間、何を思い、その瞬間を過ごされたかと、人の死を悼む時、いつも考え込んでしまう。

誰もいつかは死を迎える。その瞬間、一生の総決算がある。私は悔いの無い死の瞬間を想い描いて生きてきた。「我が人生に悔い無し」の人生を歩みたい。

春

それは思いがけない一通の通知を手にした時から始まる。開いてみると、叙勲の知らせだった。賜叙勲五等瑞宝章の栄誉である。

県の方は既に御承知だが、さすが口に出されない。私も公報される迄、一切黙して語らずを守った。

伝達は県知事様から、一人一人に伝達された。さすが会場は水を打ったように静寂かつ厳粛であった。賞状は頂いたが、宮中参内、天皇陛下に拝謁申し上げなければならない。先ず、衣服のことが心配である。着物は着付けからして大変。丁度適当な洋服があるので、それに決めた。

上京して先ず、山口県東京事務所へ集合。そこから厚生省へ。厚生省に集合した叙勲者は四百名であった。拝見すると、女性は皆様色紋付の新調、御夫妻共一世一代の盛装である。

私は、なぜか十六号車のバスにお乗り下さいと言われ、命令通り十六号車に乗った。このバスに、身体不自由な車椅子の方が、十数人同乗されていた。拝謁は豊明殿であった。さすが宮中は清掃されていて、松の緑が美しい、ほうき目のついている程の清掃、広い広いお庭である。

バスは着いたが前の叙勲者のバスが出ないので、待つこと久し。やっと豊明殿に上がり整列した。十六号車は最後尾であった。

叙勲を受ける人とその配偶者のみ、式場入場。天皇陛下は時刻通りおでましになり、永年の労をねぎらったお言葉があった。参列者一同深くお辞儀をした。身体不自由な車椅子の方々のそばまで行かれ、お言葉があった。その後、思いがけない事に私のそばに寄られ、私個人にお言葉を賜わった。周囲に聞こえない低音で労をねぎらわれた。あまりに、突然の出来事に驚き恐縮して、とっさに「有難うございました」と言うのが精一杯で、深々と頭を下げた。何故、私如きものに天皇様からお言葉を頂いたのか、ずっとなぞであった。

ところが程なく、突然皇太子殿下が当法人経営の「おおとり保育園」に行啓、視察される旨の通知が、私宛に来た。えーっと驚き、天皇陛下が私個人にお言葉のあったなぞがとけた。きっと皇太子様の行啓の際、立ち寄られる時はよしなにと言外に含まれたお言葉だったと思える。これは、大変な重責を負わなければならないと。おおとり保育園の現場も大変だが、理事長としての責任の重大さに、それからの毎日は頭に重しが乗ったような日々であった。

ただ何事もなく無事に御視察が終わりますように、神仏に祈る想いで一日一日を送った。引き受けの保育園も、事前の警備隊の人達を見て驚いたようだ。平成十三年七月二十日のお成りの日が近づく。その間何度か打合せがあった。五施設からも当日、お茶のお接待役も服装を統一した。外庭のお花の栽培、水やりと、炎天下のこと、心痛だったと思う。ひまわりの大輪がみごとであった。絵画の配置、室内の装飾、嫌みのない保育をする場しい雰囲気を心がけたと思う。県児童家庭課全員が前準備から手伝って下さったことは、何より有り難いことだった。

いよいよ皇太子殿下が行啓される日が来た。お出迎えは、理事長と園長のみ。皇太子様も車を降りられ、お一人で私達の所まで歩を進められた。お写真で拝見するよりも、若々しく品位があり、人を包みこまれる温かさが、全身から感じられる。次期天皇としての風格が備わっておられる。人間としての修養も、侍従の方々の並々ならぬ温かさと厳しさのたまものと思う。立派な皇太子様である。

御挨拶を交わしたが、心を開いてのお言葉であった。私は「ようこそいらっしゃいました。皆でお待ちいたしておりました」と申し上げたのを覚えている。気取りもなく、人の言葉を受けとめられる態度に、ただ敬服申し上げるばかりであった。

スリッパにはきかえられ、国重園長の先導で、0歳児室から順々と視察された。三歳、四歳頃になると、子どものこと、御ひざに上がろうとする子もいてハラハラしたと聞く。時々大きい笑い声が聞こえる。和やかなムードである。お付きの知事様も県議会議長様も、少し離れてお供されているのを写真で拝見した。

一巡されて十分間のご休憩があり、皆と同じ麦茶でとの事で、若い保育士さんが運んだ。御休憩室の部屋に季節の花の絵を飾りたいと、私の下手な立葵の絵を飾った。

時間厳守。お見送りするため、早目に玄関でお待ち申し上げていた。宮様の侍従の方が丁度いらしてお話をしたが、宮中は一般社会とは別世界だと感じた。人柄が上品でおだやか、さすが立派な方がお付きだと思った。

定刻に皇太子様がお出ましになった。そのお顔がお迎えした時より、和やかで明るく、幼児との交歓は大変楽しい一時であったように思えた。玄関先で御挨拶をした。その時「雅子妃殿下はおすこやかでいらっしゃいますか」と思わず出した言葉に、「あなたの絵を見ました」と返されたのには、気配りの宮様と、私は赤面した。でも、本当に嬉しく有り難い出会いであったこと、終生忘れられない。人生の華の出会いは、私の長い長い人生の苦節への贈物であろうと思った。私にとって、最高の佳き日であった。

帰途は、日の丸の小旗を振る多くの人達のお見送りの中を、きらら博へと向かわれた。

幾 山 河　越 え て 栄 の 日　め ぐ り 来 て

私の履歴

氏名　宮原美妙（旧姓名　国重美千代）
出生　大正八年二月二十日
学歴　昭和十二年　県立萩高等女学校卒業
職歴　昭和十五年九月〜十八年三月迄
　小野田尋常高等小学校助訓導
昭和十八年三月　宮原隆男と結婚のため入寺　四月一日　先先住職泰観師遷化　二日　夫・住職となる
昭和十九年四月十一日　長女孝子出生　十二日死亡　十一月　住職出征
昭和二十年四月二十三日　住職戦死・フィリピンルソン島において

寺の歩み

昭和二十年五月　真言宗教師検定試験合格　昭和五十五年まで住職
昭和二十六年　西の院流法流伝授を受く
昭和二十七年　千手観音菩薩御開帳並に美妙晋山式
昭和二十九年　雪舟の庭復元（伝雪舟の庭築庭）
昭和三十三年　本堂大雪害
昭和三十四年　本堂屋根を草葺きからアスファルトシングルに葺き替え、楼門も復元工事完了
昭和三十五年　落慶法要本山花弁門跡御親教
昭和四十七年七月　山津波による大被害
昭和四十九年　砂防壁完成
昭和五十五年　新住職隆史晋山式
　御開帳と収蔵庫落成（国庫補助）

養護施設の歩み

昭和二十三年　児童福祉法施行
昭和二十四年六月　里親　十月養護施設認可、園長となる　定員二十名にて発足
昭和二十五年十月十五日　大阪社会事業短期大学・社会福祉主事認定講習会修了　社会福祉主事認命
昭和二十六年「愛児の塔建立」全国孤児納骨塔・バラック園舎建築、定員六十名に増員
昭和三十年　社会福祉法人認可　理事長となる

昭和三十九年　幼児棟落成　十五周年記念式典
昭和四十一年　特殊児童棟落成（郵政省補助）
昭和四十五年　老朽整備による移転落成（国庫補助）
昭和五十一年　職員宿舎落成
昭和五十四年　講堂兼体育館落成（国庫補助）三十周年記念式典
昭和六十年　特殊児童棟をファミリーホームに改造
昭和六十一年　北村西望先生作・母子像建立
平成九年四月一日　児童養護施設の園舎を小舎制園舎五棟に改築
昭和三十年四月三十日より四十二年まで、優良施設として御下賜金を七回拝受

保育所関係

昭和四十三年五月　愛児園乳児保育所建築創設（国庫補助）
昭和四十四年　愛児園湯田保育所小規模保育所開設、定員三十名（市補助）
昭和四十八年　湯田保育所移転新築、定員六十名増築、現在定員百五十名（日本自転車振興会・国庫補助・丸紅基金）
昭和五十一年　愛児園平川保育所新設、定員六十名より発足・現在、定員百二十名（日本自転車振興会・国庫補助）
平成九年四月一日　おおとり保育園新設、定員百五十名

主な表彰歴

昭和四十二年十一月一日　山口市長表彰
昭和四十八年十月一日　山口市長表彰
昭和四十八年十月　山口県社会福祉協議会より表彰
昭和五十年十一月十九日　山口県知事選奨　十一月二十七日　全国社会福祉協議会長表彰
昭和五十二年十一月　藍綬褒章を授章
昭和五十七年　中国新聞社会事業団表彰
昭和六十三年四月八日　国際ソロプチミストアメリカ日本西リジョンより婦人栄誉賞表彰
平成三年十月　密教教化受賞
平成十三年四月二十九日　勲五等瑞宝章受賞

その他

昭和三十一年　労働省婦人少年局・ＮＨＫ共催、第四回全国婦人会議出席
昭和四十二年　再度第十五回全国婦人会議出席

あとがき

卯月。八重桜が私の心に灯をともし軽い気持ちでペンをとったのが、あやまりだったと何度か断念しかけましたが、一度自分自身で決めたことを中止するわけにもいかず、断片的な文章になりました。仕事の合い間をぬって、原稿用紙の白います目に一字ずつ埋めてゆく作業がどんなに、大変な筆力と体力のいる仕事か初めて実感しました。記憶は薄れ、大事な芯になるはずの養護の奥の深い部分を十分書けなかったのが心残りです。子供のプライバシーをおかしたくない思いが先に立ったのも事実です。山寺の尼僧、そして、社会福祉事業にたずさわった一人の人間として、波乱にとんだ運命を辿りつつも精いっぱい生きた、そのままを表現しました。脱稿したのはもう秋、草むらに水引草の紅がちらほらと見え、紫式部の実がひっそりと実っていました。

幸い若いころからの知人であり、その道の専門家である詩人和田健氏のすすめと校閲をいただき、装丁を宮崎恭子先生に、題字を柏谷静香先生に御協力いただきました。又、遠くから見守り続けて下さった四十年来の心の師の支援で、何とか一冊の本が発刊の運びになりました。ずぶの素人の酔興と思って下さいませ。紙面の都合で書き落とした部分を文

の行間から読みとっていただけたら幸いに存じます。拙い随想を、御高覧いただき心より
お礼申し上げます。有り難うございました。

合掌

宮原　美妙

美妙随想　母子草

2002年11月15日　初版第１刷発行

著　者　宮原 美妙
発行者　瓜谷 綱延
発行所　株式会社文芸社
〒160-0022　東京都新宿区新宿1－10－1
電話　03-5369-3060（編集）
03-5369-2299（販売）
振替　00190-8-728265

印刷所　東洋経済印刷株式会社

ISBN4-8355-4619-9 C0095